혼자하기 딱 좋은 中國語
중국어 첫걸음

두번 보기

박신영 지음

정진출판사

머리말

이 책은 중국어에 대한 기초가 전혀 없는 사람의 눈높이에 맞추어 누구나 손쉽게 학습하는 데 주안점을 두었습니다. 중국어를 배우고자 하는 열망은 있지만 어디서부터 시작할지 모르는 사람들에게 중국어에 대해 쉽게 다가갈 수 있게 하고 꼭 필요한 쉬운 표현부터 익혀 나갈 수 있도록 했습니다. 따라서 가장 많이 쓰이는 표현을 상황을 통해 제시한 것이 본 교재의 특징이며, 〈한번 보기〉를 통해 학습한 표현을 〈두 번 보기〉에서 반복 및 심화 학습을 하여 숙달시키며 점진적으로 표현력을 향상시키는 방법을 사용했습니다.

우리나라와 중국과의 관계가 갈수록 밀접해지면서 중국어를 배우려는 학습자가 아주 많아졌고 다양해졌습니다. 필자가 대학 시절 중국어를 배울 때는 대학에서 전공하는 사람들 정도가 중국어 교재를 펴놓고 공부하곤 했는데 지금은 나이에 관계 없이 전공에 관계 없이 중국어에 대해 학습열의를 가진 분이 많습니다. 이들에게 필요한 교재는 중국어는 배우기 어려운 언어라는 선입견을 심어주는 교재가 아니라 중국어의 기초를 차근차근히 다져주며 학습에 대한 자신감을 심어주는 교재일 것입니다.

흔히들 중국어는 한자가 많아 배우기 어렵다는 얘기를 합니다. 물론 중국어가 한자로 되어 있지만 회화를 익히는데 있어 갑자기 수많은 한자가 필요한 것은 아닙니다. 어떤 외국어를 배우든 문자를 읽고 쓰고 하는 것보다 듣고 말하는 것이 우선이 되어야 합니다. 중국어는 그 점에서 특히 소리 부분, 즉 발음에 중점을 두고 익혀야 하는 외국어입니다. 따라서 중국어를 학습하는 초급 과정에서는 발음을 확실히 장악하는 데 시간과 노력을 많이 들여야 합니다. 중국어 발음은 학습자가 얼마나 흥미를 느끼고 관심을 갖느냐에 따라 성패가 좌우됩니다. 중국어의 중요한 특징으로 음의 높낮이를 가리키는 성조가 있는데, 성조를 익히는 데 재미를 들이고 열심히 따라하다 보면 정확한 성조를 발음할 수 있지만, 기초 단계에서 성조를 소홀히 하여 중급, 고급에 가서도 성조를 정확히 발음하는 데 자신이 없는 경우가 종종 있습니다. 본 교재를 통해 학습하는 사람들은 발음에 대한 단단한 기초를 쌓은 위에 다양한 어휘 및 표현력을 더해 갈 수 있기를 바랍니다.

필자는 다년간 고등학교에서 중국어를 지도하면서 발음 및 기초 표현을 효율적으로 학습하는 방법에 대해 연구하였습니다. 학생들의 학습 과정을 따라가면서 터득하게 된 학습자의 입장에서 이해하기 어려워하는 부분, 틀리기 쉬운 부분에 대한 용례를 분석하여 이 교재에 최대한 반영할 수 있도록 하였습니다. 이 지면을 빌어 명덕외국어고등학교 모든 학생에게 감사의 말을 전합니다.

외국어 학습은 짧은 시간에 완성될 수 있는 것이 아닙니다. 속담에 '천리 길도 한 걸음부터'라는 말이 있듯이 꾸준하게 쉼 없이 노력할 때 원하는 지점까지 도달할 수 있을 것입니다. 이 책은 여러분이 중국어 학습이라는 먼 길을 떠나는 데 동반자가 되어 줄 것입니다.

저자 박신영

차 례

머리말

교재 미리보기

01 **두 마리 호랑이가 빨리 달린다.**
两只老虎跑得快. Liǎng zhī lǎohǔ pǎo de kuài. /8
문화산책 / 태산

02 **어떻게 지내요?**
你怎么样啊? Nǐ zěnmeyàng a? /18
문화산책 / 중국의 민족성

03 **정말 감사합니다.**
真感谢你! Zhēn gǎnxiè nǐ! /30
문화산책 / 여러 가지 형용사

04 **당신의 성은 무엇입니까?**
你姓什么? Nǐ xìng shénme? /42
문화산책 / 진시황릉·병마용

05 **이것은 누구의 카메라인가요?**
这是谁的照相机? Zhè shì shéi de zhàoxiàngjī? /54
문화산책 / 중국의 명승고적

06 **우리는 기차역에 어떻게 가요?**
我们去火车站怎么走? Wǒmen qù huǒchēzhàn zěnme zǒu? /66
문화산책 / 중국의 철도

07 **당신은 무얼 하십니까?**
你干什么呢? Nǐ gàn shénme ne? /78
문화산책 / 중국의 4대 미인

contents

08 당신 부모님은 어디에서 일하시나요?
你父母亲在哪儿工作? Nǐ fùmǔqīn zài nǎr gōngzuò? /90
문화산책 / 중국의 4대 기서

09 이것은 우리 집의 가족 사진입니다.
这是我们家的全家福. Zhè shì wǒmen jiā de quánjiāfú. /104
문화산책 / 중국의 명절

10 생일 축하합니다.
祝你生日快乐! Zhù nǐ shēngrì kuàilè! /118
문화산책 / 황산

11 식사하셨습니까?
你吃饭了吗? Nǐ chī fàn le ma? /132
문화산책 / 중국의 대표요리

12 이 선생님 바꿔 주십시오.
喂, 请转一下李老师. Wèi, qǐng zhuǎn yíxià Lǐ lǎoshī. /144
문화산책 / 중국의 차

13 북경의 여름 날씨는 어떻습니까?
北京夏天天气怎么样? Běijīng xiàtiān tiānqì zěnmeyàng? /156
문화산책 / 황사

14 어서 오세요, 무엇을 사시겠습니까?
欢迎光临, 你来买什么? Huānyíng guānglín, nǐ lái mǎi shénme? /168
문화산책 / 왕푸징

15 당신 왜 그러지요?
你怎么了? Nǐ zěnme le? /180
문화산책 / 중국인의 놀이문화

5

교재 미리보기

●기본회화

기본회화는 기본적으로 매 과마다 2~3개의 회화로 구성하였습니다. 일상생활에 가장 많이 쓰이는,
가장 기초가 되는 회화와 어휘로 구성하였습니다.

〈두번 보기〉의 1~14과는 중국어 성조에 익숙하지 않은
학습자들을 위해 한자 위에 성조표기를 하였습니다.
15과는 중국어와 한어병음 표기만을 하여 점진적으로 중국어에 적응해 나갈 수 있도록 하였습니다.

●표현 다지기

표현 다지기에서는 기본회화의 문장 중에서도 반드시
알아야 할 주요 어구를 풀이하였습니다.
또한 간략은 문법 설명도 함께 실어 중국어
이해를 돕도록 하였습니다.

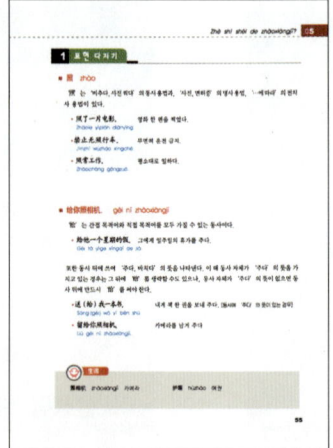

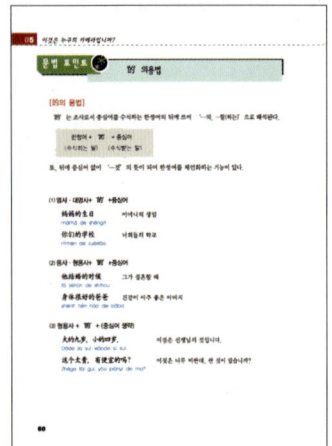

●문법 포인트

〈한번 보기〉에서 다루지 않은 주요 문법사항을
정리하였습니다.
표현 다지기를 공부하며 부족했던, 기본 문형에 자주
사용되는 주요 문법사항을 다양한 예문과 함께 수록하여
좀더 깊이 있는 중국어를 공부할 수 있습니다.

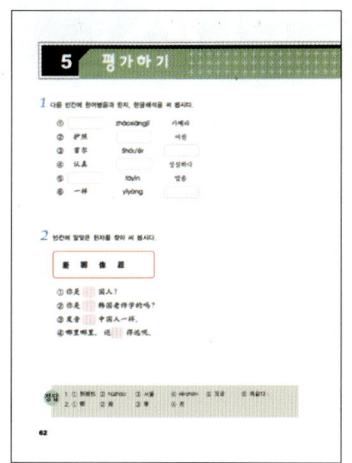

● 평가하기

평가하기에서는 해당 단원의 주요 어휘를 숙지했는가, 주요 문장에 대한 이해도가 완벽한가를 스스로 평가해 볼 수 있습니다.
문제와 함께 정답이 제시되어 자신의 문장 이해도를 즉시 확인해 볼 수 있습니다.

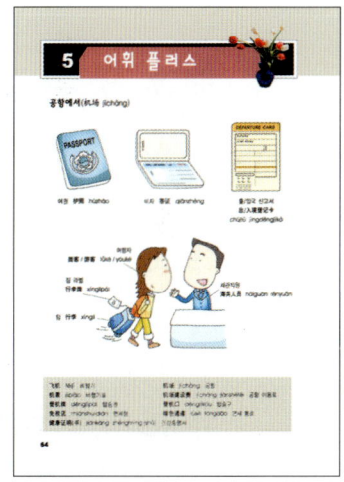

● 어휘 플러스

어휘 플러스는 해당 과의 회화 내용과 관련된 어휘나 알아두어야 하는 내용들로 구성되었습니다.
대부분 그림을 통한 어휘학습을 위주로 구성되었으며, 본문에서 다루지 않은 중국어 학습에 꼭 필요한 내용들도 포함되어 있습니다.

● 중국 문화 산책

중국의 문화와 환경을 이해할 수 있는 다양한 읽을거리들을 그림, 사진과 함께 실었습니다.
자칫 지루해지기 쉬운 외국어 학습에 흥미를 유발할 수 있도록 하였습니다.

▶ 일러두기

1. 본문 및 예문의 한어병음에서 '一'과 '不'의 한어병음 성조 표기는 학습에 편의를 위해 변화된 성조로 표기하였습니다. 제3성의 변화를 비롯한 기타 한어병음의 변화는 변화되지 않은 본래 성조로 표기하였습니다.

01 두번보기

两只老虎跑得快。

두 마리 호랑이가 빨리 달린다.
Liǎng zhī lǎohǔ pǎo de kuài.

기본 회화 4는 4이고 10은 10이다

四是四，十是十。
Sì shí sì, shí shì shí.

十四是十四，四十是四十。
Shísì shì shísì, sìshí shì sìshí.

谁把十四说四十。
Shéi bǎ shísì shuō sìshí.

谁的舌头伸不直。
Shéi de shétou shēn bu zhí.

谁把四十说十四。
Shéi bǎ sìshí shuō shísì.

倒着屁股打十四。
Dàozhe pìgu dǎ shísì.

4는 4이고, 10은 10이다. 14는 14이고, 40은 40이다.
누가 14를 40이라고 말하나. 누구의 혀가 쭉 펴지지 않나.
누가 40을 14라고 말하나. 엉덩이를 거꾸로 해서 14번 때리자.

Liǎng zhī lǎohǔ pǎo de kuài. 01

01 표현 다지기

■ 谁把十四说四十   Nǐ bǎ shísì shuō sìshí

'把'는 전치사로서 목적어를 동사 앞으로 내놓는 기능을 하며 그 동사의 동작을 통해 목적어가 어떻게 처리되는가를 서술하는 문장이 된다. 본 문장의 뜻은 '14를 가지고 40이 되게끔 말을 하다'라는 의미를 내포하고 있다. 전형적으로 '把'가 사용된 문장은 동사의 뒤에 기타 성분이 오는 복잡한 형태가 된다.

[주어 + 把 + 목적어 + 동사 + 기타 성분]

- 他把那本书看完了。   그는 그 책을 다 읽었다.
  Tā bǎ nà běn shū kàn wǎn le.

- 我把他送到医院。   나는 그를 병원으로 데려다 주었다.
  Wǒ bǎ tā sòng dào yīyuàn.

■ 伸不直   shēn bu zhí

'伸不直'은 '펴서 바르게 할 수 없다'의 뜻으로 가능 보어 형식이 사용되었다. 가능 보어는 일의 실현 가능 여부를 나타내는 보어로서, 동사와 보어 사이에 '得/不'를 넣어 가능과 불가능을 나타낸다. '伸得直'은 '곧게 펼 수 있다'는 뜻이 된다.
가능 보어와 정도 보어는 조사 '得'를 사용한다는 점에서 혼동하기 쉽지만 부정문과 의문문 형태를 보면 차이점을 알 수 있다.
정도 보어로 쓰인 '伸得直'은 '곧게 폈다'의 뜻이고, 부정문 형태는 '伸得不直', 의문문 형태는 '伸得直不直?'이다. 하지만 가능 보어로 쓰인 경우의 의문문 형태는 '伸得直伸不直?'이 된다.

- 他明天回不来。   그는 내일 돌아올 수 없다.
  Tā míngtiān huí bu lái.

- 你回得来回不来?   너는 돌아올 수 있니?
  Nǐ huí de lái huí bu lái?

生词

把 bǎ 목적어를 동사 앞으로 이끄는 전치사   舌头 shétou 혀
伸 shēn 쭉 피다   直 zhí 곧다   倒 dào 거꾸로 하다
屁股 pìgu 엉덩이

01 두 마리 호랑이가 빨리 달린다.

기본 회화 2 두 마리 호랑이

两只老虎，两只老虎。
Liǎng zhī lǎohǔ, liǎng zhī lǎohǔ.

跑得快，跑得快。
Pǎo de kuài, pǎo de kuài.

一只没有眼睛。
Yì zhī méiyǒu yǎnjing.

一只没有尾巴。
Yì zhī méiyǒu wěiba.

真奇怪，真奇怪。
Zhēn qíguài, zhēn qíguài.

두 마리 호랑이, 두 마리 호랑이.
빨리 달리네, 빨리 달리네.
한 마리는 눈이 없고,
한 마리는 꼬리가 없네.
정말 이상해, 정말 이상해.

Liǎng zhī lǎohǔ pǎo de kuài. 01

02 표현 다지기

■ 两只老虎　liǎng zhī lǎohǔ

'只'는 여기서 양사 용법으로 쓰여 동물을 세는 단위가 된다. 부사로 사용된 경우는 '단지'의 뜻이고 발음이 'zhǐ'이지만, 양사로 쓰일 때는 'zhī'로 발음된다. '只'의 양사 용법으로는 쌍을 이루는 물건을 세는 단위, 주로 동물을 세는 단위, 배를 세는 단위가 된다.

- 两只手 liǎng zhī shǒu　두 손
- 一只鸡 yì zhī jī　닭 한 마리
- 一只小船 yì zhī xiǎo chuán　작은 배 한 척

■ 真奇怪　Zhēn qíguài

'真'은 '정말, 참으로'라는 뜻으로 부사로 쓰였다. 때로는 '정말 …구나'의 감탄의 뜻을 나타내기도 한다.

- 我真不知道。　　　　나는 정말 모른다.
  Wǒ zhēn bù zhīdao.
- 时间过得真快。　　　시간이 정말 빨리 흐르는구나.
  Shíjiān guò de zhēn kuài.

 生词

只 zhī …마리(양사)	虎 hǔ 호랑이
跑 pǎo 달리다	眼睛 yǎnjing 눈
尾巴 wěiba 꼬리	奇怪 qíguài 이상하다

11

01 두 마리 호랑이가 빨리 달린다.

문법 포인트 양사(量詞)

[양사]

양사는 사물의 수량 단위나 동작의 횟수 단위를 표시한다. 중국어는 양사가 특히 발달하여 종류가 아주 많다. 중국어에서 수사와 명사, 동사와 수사가 함께 쓰인 경우에는 수사 뒤에 반드시 양사가 와야 한다.

(1) 명량사
  사물을 지칭하는 명사를 세는 단위이다.

- 个 gè 개(사람, 물건, 전용 양사가 없는 명사)

    您看这个好吗?
    Nín kàn zhège hǎo ma?
    당신이 보기에 이것이 좋습니까?

- 位 wèi 명, 분(사람)

    去看一位朋友。
    Qù kàn yí wèi péngyou.
    친구 한 분을 보러 가다.

- 本 běn 권(책, 잡지 등)

    有一本小说在这儿。
    Yǒu yì běn xiǎoshuō zài zhèr.
    한 권의 소설이 여기에 있다.

- 件 jiàn 벌, 건(옷, 사건 등)

    我买一件衣服。
    Wǒ mǎi yí jiàn yīfu.
    나는 옷 한 벌을 샀다.

- 张 zhāng 장(종이, 책상, 탁자 등 표면이 넓고 평평한 것)

    有一张地图。
    Yǒu yì zhāng dìtú.
    지도 한 장이 있다.

Liǎng zhī lǎohǔ pǎo de kuài.　01

양사(量詞)

(2) 동량사

동작의 횟수를 세는 단위이다.

- 次 cì, 回 huí 번, 회(반복적인 동작)

    我要去一次。　　　　　나는 한 번 가려고 한다.
    Wǒ yào qù yí cì.

- 遍 biàn 번(어떤 과정의 처음부터 끝까지 전과정)

    请再说一遍。　　　　　다시 한 번 (처음부터) 말해 주세요.
    Qǐng zài shuō yí biàn.

(3) 부정량사

정해지지 않은 양을 센다.

- 些 xiē 약간, 조금(부정량)

    学校有一些学生。　　　학교에 약간의 학생이 있다.
    Xuéxiào yǒu yìxiē xuésheng.

- 点儿 diǎnr 약간, 조금(소량)

    我吃了点儿菜。　　　　나는 약간의 음식을 먹었다.
    Wǒ chīle diǎnr cài.

13

01 평가하기

1 다음 빈칸에 한어병음과 한자, 한글해석을 써 봅시다.

① 舌头　　shétou　　[　　]
② [　　]　　pìgu　　엉덩이
③ 虎　　[　　]　　호랑이
④ 跑　　pǎo　　[　　]
⑤ 眼睛　　[　　]　　눈
⑥ [　　]　　qíguài　　이상하다

2 빈칸에 알맞은 한자를 찾아 써 봅시다.

> 着　没　把　得

① 谁 [　] 十四说四十, 谁 [　] 四十说十四？
② 倒 [　] 屁股打十四。
③ 两只老虎跑 [　] 快。
④ 一只 [　] 有眼睛, 一只 [　] 有尾巴。

정답
1. ① 혀　② 屁股　③ hǔ　④ 달리다　⑤ yǎnjing　⑥ 奇怪
2. ① 把　② 着　③ 得　④ 没

14

3 표시된 한자의 의미에 유의하면서 해석을 해 봅시다.

① 谁的舌头伸不直。

② 他明天回不来。

③ 我跑得快。

④ 时间过得真快。

4 다음 우리말을 주어진 단어를 이용하여 중국어로 바꿔 보자.

① 그는 그 책을 다 읽었다.　　　　把那本书

② 나는 그를 병원으로 데려다 주었다.　　送到医院

③ 나는 정말 모른다.　　　　真

정답
3. ① 누구의 혀가 쭉 펴지지 않나.　② 그는 내일 돌아올 수 없다.
　 ③ 나는 빨리 달릴 수 있다.　④ 시간이 정말 빠르게 흐르는구나.
4. ① 他把那本书看完了。　② 我把他送到医院。　③ 我真不知道。

01 어휘 플러스

사람의 몸(身体)

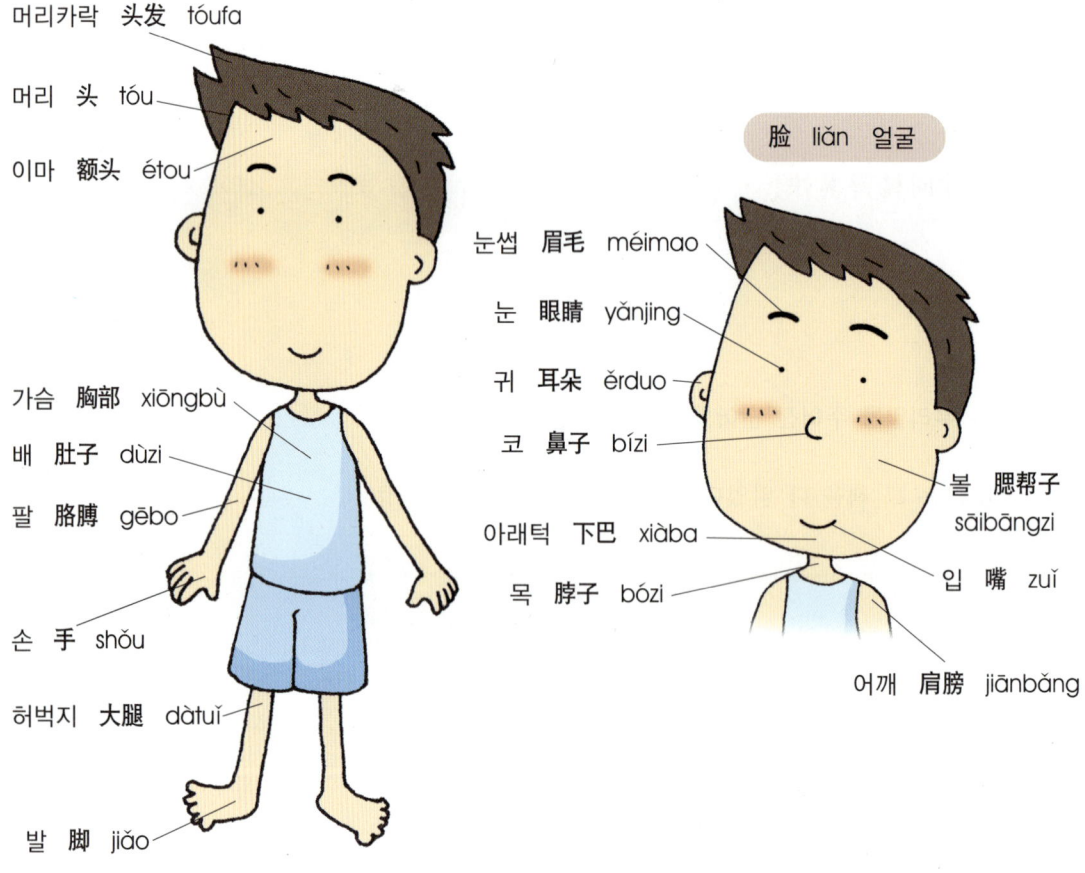

팔꿈치 胳膊肘 gēbozhǒu	손목 手腕 shǒuwàn	손가락 手指头 shǒuzhǐtou
허리 腰 yāo	무릎 膝盖 xīgài	정강이 小腿 xiǎotuǐ
발목 脚腕子 jiǎowànzi	발가락 脚指头 jiǎozhǐtou	등 背 bèi
엉덩이 屁股 pìgu	속눈썹 眼睫毛 yǎnjiémáo	쌍꺼풀 双眼皮 shuāngyǎnpí
입술 嘴唇 zuǐchún	치아 牙齿 yáchǐ	

태산(泰山)

　산동성 중부에 위치한 태산(泰山 Tàishān)은 주봉의 해발 높이가 1,545m이다.
　태산은 자고로부터 중국사람들이 숭배하는 웅위로운 큰 산으로서 '5악(五岳)'의 첫째로 손꼽히며 '천하 제일의 산'이라는 아름다운 이름을 가지고 있다.
　진시황, 한무제로부터 명·청 시대의 황제에 이르기까지 역대의 황제들이 태산에서 제사를 지내거나 하는 일은 그칠 새 없었다. 이들은 또 태산에 절을 짓고 신을 조각했으며 돌에 글을 새기기도 했다. 문인과 선비들은 더욱 더 태산을 경모했는데 이들은 태산에 올라 시를 읊기도 하고 그림을 그리기도 했다.
　태산 아래에 있는 대묘(岱廟)는 태산신에 제를 지내는 장소로 쓰이는 곳으로서 역대 제왕들은 태산에 오른 후 먼저 대묘를 찾아와 제를 지냈다. 태산기슭의 홍문(紅門)으로부터 산꼭대기의 남천문까지 모두 6,293개의 돌계단이 있는데 이는 역대 황제들이 태산을 오를 때의 어도였다.

태산 18곡(泰山十八曲)

　태산의 문물고적들은 다수가 산길의 양측에 있는데 주로 홍문궁(紅門宮), 만선루(萬仙樓), 두모궁(斗母宮), 중천문(中天門), 십팔반(十八盤), 남천문(南天門) 등 명승지들이 있다. 태산의 기묘함은 또한 태산 봉우리에 있다. 남천문에 올라 옥 란간에 둘러쌓인 돌계단을 걷노라면 마치 하늘나라 선경에 온 듯한 느낌이다. 벽하동(碧霞桐), 대관봉(大觀峰)를 지나면 곧 태산의 정상인 옥황정(玉皇頂)에 이른다. 정상에 올라 일출과 떠도는 구름을 보며 파도소리와 소나무 숲이 설레는 소리를 듣노라면 완전히 자연 속에 파묻히고 만다.
　중국 고대의 교육가였던 공자는 태산에 오르고 나니 천하가 작아 보인다고 감탄했고 현대 문학가 곽말약(郭沫若)도 태산을 중국문화사의 국부적 축소판에 비겼다. 태산은 1987년 세계 문화 및 자연유산으로 등록되었다.

02 두번 보기

你怎么样啊?

어떻게 지내요?
Nǐ zěnmeyàng a?

기본 회화 1 어떻게 지내요?

A 嗨, 王红, 你怎么样啊?
Hēi, Wáng Hóng, nǐ zěnmeyàng a?

B 学习太忙。 你呢?
Xuéxí tài máng. Nǐ ne?

A 还可以, 要是需要帮助的话, 就跟我说。
Hái kěyǐ, yàoshi xūyào bāngzhù de huà, jiù gēn wǒ shuō.

B 谢谢。
Xièxie.

A_ 어이, 왕홍, 어떻게 지내?
B_ 공부가 너무 바빠. 너는?
A_ 그런대로 괜찮아. 도움이 필요하면, 내게 말해.
B_ 고마워.

01 표현 다지기

■ **嗨, 你怎么样啊？** Hēi, nǐ zěnmeyàng a?

'嗨'는 남을 부르거나 주의를 환기시킬 때 쓴다. 이 문장은 절친한 사람끼리 나누는 안부 인사이다. 실제 중국 사람들은 잘 아는 사람을 만난 경우 '你好!'라고 말하기보다 '你上哪儿? (어디 가니?)' '你吃饭了吗? (밥 먹었니?)' '买菜去?(장보러 가니?)' 와 같은 인사를 나눈다. 이러한 질문을 받은 사람은 이것이 인사말인 줄 알고 편한 대로 답을 한다. 중국 문화에 익숙하지 않은 서양인들이 느끼기에는 사생활에 대해 지나치게 캐묻는 느낌을 줄 수 있지만 이러한 인사법을 통해 친근감을 나타내는 것으로 보면 된다.

- **嗨, 王红, 你上班啊？** 어이, 왕훙, 너 출근하니?
  Hēi, Wáng Hóng, nǐ shàng bān a?

■ **要是 …的话** yàoshi …dehuà

가정을 나타내는 문형이다. '要是'는 문장 앞에 쓰이는 접속사이고, '的话'는 문장 끝에 들어가 '…라면'으로 쓰여 가정문으로 만들어 준다. 이 둘 중에 하나만 써도 가정을 나타낼 수 있다. 이어지는 문장에는 종종 접속 부사 '就'가 나와서 호응한다.

- **要是你有空的话, 我们一起去吧。** 만일 너 시간이 있으면, 우리 함께 가자.
  Yàoshi nǐ yǒu kòng de huà, wǒmen yìqǐ qù ba.

= **要是你有空, 我们一起去吧。**
  Yàoshi nǐ yǒu kòng, wǒmen yìqǐ qù ba.

= **你有空的话, 我们一起去吧。**
  Nǐ yǒu kòng de huà, wǒmen yìqǐ qù ba.

 生词

| 嗨 hēi 어이, 야 | 要是 yàoshi 만일 | 跟 gēn …에게, …와 |
| 需要 xūyào 필요하다 | 帮助 bāngzhù 돕다, 도움 | |

02 어떻게 지내요?

기본 회화 ② 오랜만입니다

A 哎, 这不是李明吗?
Āi, zhè búshì Lǐ Míng ma?

B 是你啊。 好久不见。
Shì nǐ a. Hǎojiǔ bújiàn.

A 真的很久没见面了。 你过得好吗?
Zhēn de hěn jiǔ méi jiàn miàn le. Nǐ guò de hǎo ma?

B 挺好的。
Tǐng hǎo de.

A_ 오, 이거 리밍 아니야?
B_ 너구나, 오랜만이다.
A_ 정말 오래간만이야. 잘 지내니?
B_ 아주 좋아.

02 표현 다지기

■ **不是 …吗?** búshì …ma?

이 물음은 답을 요구하는 것이 아니라 이미 아는 사실에 대해 확인을 하는 것이다. 즉, '…이 아닙니까?'로 반어적으로 묻는 것이다. '不就是 …吗?'로 표현하면 어감이 좀 더 강해진다.

A: 今天很热。 오늘 아주 덥구나.
　　Jīntiān hěn rè.

B: 现在不就是夏天吗? 지금이 바로 여름 아닙니까!
　　Xiànzài bú jiùshì xiàtiān ma?

■ **好久不见** hǎojiǔ bú jiàn

오랜만에 만난 사람에게 통상적으로 하는 인사말이다. 여기서 '好'는 부사어 용법으로 '꽤, 상당히'의 뜻이다. 보통 '好'와 '几'가 결합해서 '好几…'의 형식으로 수량의 많음을 나타낸다. '久'는 시간이 오래 지났음을 뜻하는 형용사로, '你来多久了?'라고 하면 '당신이 온 지 얼마나 되었습니까?'가 된다.

• 好几天不见了。 꽤 여러 날 못 만났구나.
　Hǎo jǐ tiān bú jiàn le.

• 他买了好几本书。 그는 꽤 여러 권의 책을 샀다.
　Tā mǎile hǎo jǐ běn shū.

 生词

久 jiǔ 오래다　　　见面 jiànmiàn 만나다
挺 tǐng 매우

02 어떻게 지내요?

기본 회화 3　소개합니다

A 你好！ 我来介绍一下我的朋友。
Nǐ hǎo!　Wǒ lái jièshào yíxià wǒ de péngyou.

B 见到你很高兴。
Jiàn dào nǐ hěn gāoxìng.

A 欢迎你们到中国来访问。
Huānyíng nǐmen dào Zhōngguó lái fǎngwèn.

B 谢谢你来接我们！
Xièxie nǐ lái jiē wǒmen!

A_ 안녕! 내 친구를 소개할게.
B_ 만나게 되어 반가워.
A_ 너희들 중국에 온 걸 환영해.
B_ 우리를 마중나온 거 고마워.

03 표현 다지기

■ 我来介绍一下 Wǒ lái jièshào yíxià.

여기에 쓰인 '来'는 '오다'의 뜻이 아니다. 이 때 '来'는 동사의 앞에 놓여 어떤 일을 하려고 하는 적극성이나, 상대방에게 어떤 행동을 하게 하는 어감을 나타낸다.

- 我来做。 내가 할게요.
  Wǒ lái zuò.

- 你来看吧。 당신이 보세요.
  Nǐ lái kàn ba.

■ 到 dào

위의 본문에서는 '到'의 두 가지 용법이 들어 있다. '见到'의 경우, 동사의 뒤에 쓰여 동작이 목적에 도달하거나 성취된 것을 나타낸다. '到韩国来'에서는 장소를 나타내는 말 앞에 쓰여 어떤 위치나 장소에 도달했음을 나타내는 전치사이다.

- 说到一定要做到。 말한 것은 반드시 해내야 한다.
  Shuōdào yídìng yào zuòdào.

- 你们到哪儿去？ 너희들은 어디로 가니?
  Nǐmen dào nǎr qù?

 生词

介绍	jièshào 소개하다	一下	yíxià 한번, 좀
高兴	gāoxìng 기쁘다	欢迎	huānyíng 환영하다
访问	fǎngwèn 방문하다	接	jiē 받다. 마중하다

02 어떻게 지내요?

문법 포인트 여러 가지 의문사

[여러 가지 의문사]

의문사가 있는 의문문에서 의문사의 위치는 평서문의 어순에서와 같다. 즉, 의문사가 주어이면 주어 자리에, 수식하는 말이면 수식받는 말의 앞에, 목적어이면 동사의 뒤에 위치한다.

- 谁 shéi 누구

    谁是你爸爸?   누가 당신의 아버지입니까?
    Shéi shì nǐ bàba?

    谁在学校?   누가 학교에 있습니까?
    Shéi zài xuéxiào?

- 什么 shénme 무엇, 무슨

    你叫什么名字?   당신 이름은 무엇이죠?
    Nǐ jiào shénme míngzi?

    你做什么工作?   당신은 무슨 일을 합니까?
    Nǐ zuò shénme gōngzuò?

- 为什么 wèishénme 왜

    你为什么不走?   당신은 왜 안 가세요?
    Nǐ wèi shénme bù zǒu?

- 什么时候 shénme shíhou 언제

    他什么时候回来?   그 사람 언제 돌아오죠?
    Tā shénme shíhou huí lái?

- 哪 nǎ 어느, 어떤

    你在哪儿工作?   당신은 어느 곳에서 일합니까?
    Nǐ zài nǎr gōngzuò?

    你是哪国人?   당신은 어느 나라 사람입니까?
    Nǐ shì nǎ guó rén?

여러 가지 의문사

- 几 jǐ 몇

    你家有几口人?   당신 집에 식구가 몇입니까?
    Nǐ jiā yǒu jǐ kǒu rén?

    你弟弟几岁了?   네 남동생은 몇 살이니?
    Nǐ dìdi jǐ suì le?

- 多少 duōshao 얼마

    这个多少钱?   이것은 얼마죠?
    Zhège duōshao qián?

- 多 duō 얼마나…

    你今年多大了?   당신 올해 나이가 얼마입니까?
    Nǐ jīnnián duōdà le?

    你们认识多久了?   당신들은 안 지 얼마나 오래 되었습니까?
    Nǐmen rènshi duōjiǔ le?

- 怎么 zěnme 어떻게

    我们怎么联系?   우리는 어떻게 연락하지요?
    Wǒmen zěnme liánxì?

    我不知道怎么做。   나는 어떻게 하는지 모른다.
    Wǒ bù zhīdao zěnme zuò.

- 怎么样 zěnmeyàng 어떠하다

    你看这个怎么样?   네가 보기에 이게 어떻니?
    Nǐ kàn zhège zěnmeyàng?

02 평가하기

1 다음 빈칸에 한어병음과 한자, 한글해석을 써 봅시다.

① 帮助　　bāngzhù　　[　　　]
② 挺　　　[　　　]　　매우
③ [　　　]　jièshào　　소개하다
④ 高兴　　gāoxìng　　[　　　]
⑤ 欢迎　　[　　　]　　환영하다
⑥ [　　　]　fǎngwèn　　방문하다

2 빈칸에 알맞은 한자를 찾아 써 봅시다.

> 好　一下　要是　到

① [　] 需要帮助的话，就跟我说。
② [　] 久不见。
③ 见 [　] 你很高兴。
④ 我来介绍 [　] 我的朋友。

1. ① 돕다　② tǐng　③ 介绍　④ 기쁘다　⑤ huānyíng　⑥ 访问
2. ① 要是　② 好　③ 到　④ 一下

3 표시된 한자의 의미에 유의하면서 해석을 해 봅시다.

① 你有空的话, 我们一起去吧。

② 这不是李明吗?

③ 我来介绍。

④ 谢谢你来接我们!

4 다음 우리말을 주어진 단어를 이용하여 중국어로 바꿔 보자.

① 그런대로 괜찮아. 　　　　　　还

② 그는 꽤 여러 권의 책을 샀다. 　　好几

③ 말한 것은 반드시 일을 해내야 한다. 　　一定要

3. ① 네가 시간이 있으면, 우리 함께 가자. 　② 이거 리밍 아니야?
　③ 내가 소개할게. 　④ 우리를 마중나와 줘서 고마워.
4. ① 还可以。　　② 他买了好几本书。　　③ 说到一定要做到。

02 어휘 플러스

가전제품(家电 jiādiàn)

라디오 **收音机** shōuyīnjī

에어컨 **空调** kōngtiáo

냉장고 **电冰箱** diànbīngxiāng

선풍기 **电风扇** diànfēngshàn

전기 밥솥 **电饭锅** diànfànguō

전기 포트 **电壶** diànhú

진공청소기 **吸尘器** xīchénqì

텔레비전 **电视** diànshì

카메라 **照相机** zhàoxiàngjī	디지털 카메라 **数码照相** shùmǎxiàngjī	
세탁기 **洗衣机** xǐyījī	녹음기 **录音机** lùyīnjī	비디오 **录象机** lùxiàngjī
전자렌지 **微波炉** wēibōlú	컴퓨터 **电脑** diànnǎo	헤어 드라이어 **吹风机** chuīfēngjī

중국의 민족성

역사적으로 중국인은 자신들을 문화민족이라고 생각하고 있으며 더욱이 자신들의 문화가 유일한 것으로 여겼다. 중화사상(中華思想)의 요체가 바로 이에 근거하며 이를 토대로 주위의 민족을 오랑캐로 생각하였다. 이로써 체면을 존중하고 강한 자존의식을 갖춘 민족성이 이루어졌다. 또한 중국인들은 현실 또는 실속에 매우 빠른 민족이라고도 한다. 즉 중국인들에게 모든 사물의 판단 준거(準據)는 현실적 유용성이라고 할 수 있다. 중국의 개방·개혁의 과정에서 나타난 바와 같이, 이익이 된다면 그들의 정체성(正體性)인 사회주의이념도 희생될 수 있음을 보여주었다.

또 하나의 특징으로 대륙적인 스케일을 가진 대범한 성격을 들 수 있다. 중국인이 흔히 말하는 '만만디(慢慢的 mànmàndi)'라는 말은 이러한 성격을 극명히 보여준다. 황허강을 비롯한 장대한 자연과의 관계에서 많은 왕조의 부침(浮沈)을 겪어야 했기에 사람들 사이의 관계에 대한 덕목이 많다. 특히 신용을 중요한 덕목으로 생각하며, 그 신용은 사람들 사이의 대인 관계를 통해 이루어지는 것이 보통이다. 따라서 중국에서 '관시(关系 guānxi 관계)'는 대인 관계를 일컫는 말로 이 '관시'가 있으면 아무리 어려운 일이라도 쉽게 풀릴 수 있고, 역으로 하찮은 일이라도 '관시'가 없으면 어려움을 겪는 경우가 많다. 이러한 민족성은 개혁·개방으로 많이 희석되고 다양해졌지만 여전히 오늘날의 중국인을 이해하는 중요한 지표가 된다.

◀출퇴근 시간의 중국 대도시

03 두번보기

真感谢你!

정말 감사합니다!
Zhēn gǎnxiè nǐ!

기본 회화 정말 감사합니다

A 真抱歉, 让你久等了。
   Zhēn bàoqiàn, ràng nǐ jiǔ děng le.

B 没什么。 这是你叫我帮你买的书。
   Méi shénme. Zhè shì nǐ jiào wǒ bāng nǐ mǎi de shū.

A 还麻烦你给我送来, 真感谢你。
   Hái máfan nǐ gěi wǒ sòng lái, zhēn gǎnxiè nǐ.

B 你太客气了。
   Nǐ tài kèqi le.

A_ 정말 미안해, 오래 기다리게 했구나.
B_ 괜찮아. 이것은 네가 나한테 사달라고 했던 책이야.
A_ 또 네가 번거롭게 가져다주기까지 하니, 정말 고맙구나.
B_ 천만에.

01 표현 다지기

■ **让你久等了** Ràng nǐ jiǔ děng le.

'让'은 사역의 의미를 가지며 '你(너)'로 하여금 '久等了(오래 기다리다)' 하도록 시켰다는 뜻이 된다. 이 때 '你'는 '让'에 대해서는 목적어가 되고, '久等了'에 대해서는 주어 역할을 하므로 '겸어'에 해당되고, 이 문장의 문형은 겸어문에 속한다. 이같이 겸어문에 사용되는 동사로는 '请 qǐng, 叫 jiào, 要 yào, 使 shǐ' 등이 있다.

- 他叫我买这本书。 그는 나에게 이 책을 사라고 시켰다.
  Tā jiào wǒ mǎi zhè běn shū.
- 妈妈要我做饭。 엄마가 나에게 밥을 하라고 하셨다.
  Māma yào wǒ zuò fàn.

■ **还麻烦你给我送来** hái máfan nǐ gěi wǒ sòng lái

'麻烦'은 상대에게 도움을 구할 경우나, 도움을 입었을 때 정중하게 표현하는 말이다. '给'는 전치사로서 '…에게, …위해'의 의미로 쓰였다. '送'은 여기서는 '선물하다'의 뜻이 아니라, '전달해 주다'의 뜻으로 사용되었다.

- 麻烦你, 给我做晚饭吧。 수고스럽겠지만, 저를 위해 저녁 식사를 지어 주세요.
  Máfan nǐ, gěi wǒ zuò fàn ba.

 生词

抱歉 bàoqiàn 미안하다
帮 bāng 돕다
送 sòng 보내다, 주다

让 ràng …하도록 시키다
麻烦 máfan 번거롭게 하다

03 정말 감사합니다.

기본 회화 ② 길을 알려주셔서 고맙습니다

A 请问, 去留学生宿舍怎么走?
　Qǐngwèn, qù liúxuéshēng sùshè zěnme zǒu?

B 过马路, 右边就是。
　Guò mǎlù, yòubiān jiùshì.

A 离这儿远吗?
　Lí zhèr yuǎn ma?

B 不太远。 走十分钟就到了。
　Bú tài yuǎn.　Zǒu shí fēnzhōng jiù dào le.

A 谢谢!
　Xièxie!

B 不用谢!
　Bú yòng xiè!

A_ 실례지만, 유학생 기숙사에 어떻게 가나요?
B_ 큰 길 건너 오른쪽입니다.
A_ 여기서 멉니까?
B_ 별로 멀지 않아요, 걸어서 5분이면 도착합니다.
A_ 고마워요.
B_ 천만에요.

Zhēn gǎnxiè nǐ. 03

02 표현 다지기

■ **请问, 去留学生宿舍怎么走?** Qǐngwèn, qù liúxuéshēng sùshè zěnme zǒu?

'请问'은 공손하게 질문할 때 쓰는 말이다. '去…怎么走?'는 '…에 어떻게 가나요?'의 뜻으로 길 찾아가는 법을 물어볼 때 쓴다. '去 qù' 대신에 '到 dào'를 쓸 수도 있고, 아예 '去'나 '到'를 빼고 '…怎么走? zěnme zǒu'라고 할 수도 있다.

- **到北京大学怎么走?**   북경대학에 가려면 어떻게 가나요?
  Dào Běijīng Dàxué zěnme zǒu?

■ **右边就是** yòubian jiùshì.

'就'는 부사로서 '바로, 곧'의 의미다. 일의 진행이 빠르거나 순조롭다는 뜻을 나타내거나, 강조의 의미로 쓰인다.

- **我就是。**   바로 저입니다.
  Wǒ jiùshì.

■ **离** lí

전치사 '离'는 시간이나 공간의 거리를 따질 때 기점을 나타내 준다. 뜻은 '…로부터, …에서'로 쓰인다.

- **我家离学校很远。**   우리 집은 학교에서 아주 멀다.
  Wǒ jiā lí xuéxiào hěn yuǎn.

 生词

留学生 liúxuéshēng 유학생	宿舍 sùshè 기숙사	过 guò 건너다, 지나다
马路 mǎlù 큰 길	右边 yòubian 오른쪽	离 lí …에서
这儿 zhèr 이 곳	分钟 fēnzhōng 분	

03 정말 감사합니다.

기본 회화 3 실례합니다

A 对不起, 打扰一下儿。
Duì bu qǐ, dǎrǎo yíxiàr.

B 有什么事儿吗?
Yǒu shénme shìr ma?

A 我现在得上楼去, 要是李老师来了,
Wǒ xiànzài děi shàng lóu qù, yàoshi Lǐ lǎoshī lái le,

你就让他等我一下儿, 好吗?
nǐ jiù ràng tā děng wǒ yīxiàr, hǎoma?

B 好, 没问题。
Hǎo, méi wèntí.

A 告诉他, 我马上就下来, 多谢了。
Gàosu tā, wǒ mǎshàng jiù xià lái, duō xiè le.

A_ 미안합니다. 잠시 실례하겠습니다.
B_ 무슨 일 있어요?
A_ 제가 지금 윗 층에 가야 돼요, 만약 이 선생님이 오시면
    잠시 기다리시라고 해 주세요.
B_ 좋아요, 문제 없어요.
A_ 제가 즉시 내려온다고 전해 주세요, 감사합니다.

03 표현 다지기

■ **我现在得上楼去。** Wǒ xiànzài děi shàng lóu qù.

'上楼去'에서 '去'는 방향 보어로 사용되었다. 동사 뒤에 놓여 그 동작이 이루어지는 방향을 보충 설명하는 말을 방향 보어라 한다. 대표적인 방향 보어로는 '来 lái'와 '去 qù'가 있다.

- 我买来了。 내가 사 왔다.
  Wǒ mǎi lái le.

- 他回去了。 그는 돌아갔다.
  Tā huí qù le.

방향 보어를 지닌 동사가 목적어를 갖는 경우 목적어의 위치는 보어의 앞이나 뒤, 두 가지 위치가 다 가능하다. 하지만 목적어가 장소를 나타내는 말일 때는 목적어를 반드시 방향 보어의 앞에 놓아야만 한다.

- 他要回去中国。(X)
  Tā yào huí qù Zhōngguó.

- 他要回中国去。(O) 그는 중국에 돌아가려 한다.
  Tā yào huí Zhōngguó qù.

■ **告诉他我马上就下来。** gàosu tā wǒ mǎshàng jiù xià lái.

'告诉'는 '…에게 알리다'의 뜻으로 사람을 목적어로 취한다. '马上'은 대체로 '就'를 뒤에 수반하여 시간의 신속함을 나타낸다. '下来'는 '下楼来(아래 층으로 내려오다)'의 뜻이며 '来'는 방향 보어로 사용되어 상대방을 중심으로 말하여 '온다'라고 말한 것이다.

生词

打扰	dǎrǎo 폐를 끼치다	得	děi …해야 한다
上楼	shàng lóu 윗 층에 가다	没问题	méi wèntí 문제 없다
告诉	gàosu 알리다	马上	mǎshàng 즉시

03 정말 감사합니다.

문법 포인트 방향 보어

[방향 보어]

동사 + 来 / 동사 + 去

동사 뒤에 놓여 그 동작이 이루어지는 방향을 보충 설명하는 말을 방향 보어라 한다. 흔히 '来'와 '去'가 방향 보어로 자주 쓰이는데 어떤 동작이 말하는 사람을 향해서 진행될 때는 동사 뒤에 '来'를 붙이고 그 반대로 진행될 때는 동사 뒤에 '去'를 붙인다.

我回来了。 나는 돌아왔습니다.
Wǒ huí lái le.

他昨天回去了。 그는 어제 돌아갔습니다.
Tā zuótiān huí qù le.

방향 보어를 지닌 동사가 목적어를 갖는 경우 일반적으로 동사와 방향 보어 사이에 목적어를 둔다. 특히 목적어가 장소를 나타내는 말일 때 목적어는 반드시 동사와 방향 보어 사이에 놓아야만 한다.

他回家去了。(≠他回去家了。) 그는 집에 돌아갔습니다.
Tā huí jiā qù le. (≠Tā huí qù jiā le.)

'来'와 '去'는 1음절의 단순 방향 보어인 반면, 복합 방향 보어로서 '上来 shànglái', '上去 shàngqù', '下来 xiàlái', '下去 xiàqù', '出来 chūlái', '出去 chūqù', '进来 jìnlái', '进去 jìnqù', '回来 huílái', '回去 huíqù', '过来 guòlái', '过去 guòqù', '起来 qǐlái'등이 있다.

那个人走进去。 그 사람은 걸어 들어갔다.
Nàge rén zǒu jìn qù.

我想起来了。 나는 생각이 떠올랐다.(생각해냈다)
Wǒ xiǎng qǐ lái le.

Zhēn gǎnxiè nǐ. 03

방향 보어

■ **복합 방향 보어**

복합 방향 보어는 다양한 동사와 결합할 수 있다.

跑出来 pǎo chū lái	뛰어 나오다
跑出去 pǎo chū qù	뛰어 나가다
拿上来 ná shàng lái	들고 올라오다
拿上去 ná shàng qù	들고 올라가다
掉下来 diào xià lái	떨어져 내려오다
掉下去 diào xià qù	떨어져 내려가다
搬回来 bān huí lái	다시 이사하여 돌아오다
搬回去 bān huí qù	다시 이사하여 돌아가다
开过来 kāi guò lái	운전하여 (이쪽으로) 오다
开过去 kāi guò qù	운전하여 (이쪽을) 지나가다

03 평가하기

1 다음 빈칸에 한어병음과 한자, 한글해석을 써 봅시다.

① 抱歉　　　bàoqiàn　　　[　　　]
② 麻烦　　　[　　　]　　　번거롭게하다
③ [　　　]　　măl ù　　　큰 길
④ 分钟　　　[　　　]　　　분
⑤ [　　　]　　zhèr　　　이 곳
⑥ 马上　　　măshàng　　　[　　　]

2 빈칸에 알맞은 한자를 찾아 써 봅시다.

> 让　打扰　离　怎么

① [　] 你久等了。
② 去留学生宿舍 [　] 走?
③ [　] 这儿远吗?
④ 对不起, [　] 一下儿。

1. ① 미안하다　② máfan　③ 马路　④ fēnzhōng　⑤ 这儿　⑥ 즉시
2. ① 让　② 怎么　③ 离　④ 打扰

3 표시된 한자의 의미에 유의하면서 해석을 해 봅시다.

① 这是你叫我帮你买的书。

② 还麻烦你给我送来。

③ 不太远, 走十分钟就到了。

④ 告诉他我马上就下来。

4 다음 우리말을 주어진 단어를 이용하여 중국어로 바꿔 보자.

① 수고스럽겠지만, 저를 위해 저녁 식사를 지어주세요. 麻烦你

② 북경대학에 가려면 어떻게 가나요? 怎么走

③ 무슨 일 있어요? 什么

정답

3. ① 이건 네가 나에게 사달라고 했던 책이야. ② 또 나에게 가져다 주는 수고를 시켰구나.
③ 별로 멀지 않아요, 걸어서 5분이면 도착해요. ④ 제가 즉시 내려온다고 전해 주세요.
4. ① 麻烦你,给我做晚饭吧。　　② 到北京大学怎么走？　　③ 有什么事儿吗？

03 어휘 플러스

여러 가지 형용사(形容词 xíngróngcí)

무겁다 重 zhòng   가볍다 轻 qīng

높다 高 gāo   낮다 低 dī

많다 多 duō   적다 少 shǎo

빠르다 快 kuài   느리다 慢 màn

크다 大 dà   작다 小 xiǎo

멀다 远 yuǎn	가깝다 近 jìn	이르다 早 zǎo	늦다 晚 wǎn
어렵다 难 nán	쉽다 容易 róngyì	좋다 好 hǎo	나쁘다 坏 huài
비싸다 贵 guì	싸다 便宜 piányi	더럽다 脏 zāng	깨끗하다 干净 gānjìng
젊다 年轻 niánqīng	늙다 老 lǎo		

선물(礼物)

　중국 사람들은 선물할 때 좋아하는 것과 금기로 여기는 것이 있으니 주의해야 한다. 일반적으로 사람들이 듣기 싫어하는 것과 발음이 유사한 물건을 남에게 선물하지 않는다. 예를 들면 탁상시계나 배는 중국에서 매우 기분 나쁜 선물로 간주된다. 만약 노인에게 이런 선물을 한다면, 아주 낭패를 보는 일이 생길 수도 있다.

　탁상시계의 경우 중국어로 '钟 zhōng'이라고 하는데, 이는 '끝나다, 마감짓다'라는 의미인 '终 zhōng'과 음이 같다. 더우기 탁상시계를 선사한다는 '送钟 sòng zhōng'은 '送终 임종을 지키다, 장례를 준비하다'와 발음이 같다. 탁상시계를 선물하는 것은 이처럼 불길한 것을 연상시키게 되므로 당연히 금기시되는 선물이다. 배는 '梨 lí'라고 하는데 '离别 헤어지다'의 '离 lí'와 발음이 같아서 사람들이 좋아하지 않는다.

　그렇다면 중국 사람들이 좋아하는 선물에는 어떤 것이 있을까? 보통 '술, 차, 건강식품' 등을 많이 선물하며, 노인들에게 '사과'는 기분 좋은 선물이 된다고 한다. 왜냐하면 '苹果 píngguǒ 사과'의 '苹 píng'이 평안하다는 뜻을 나타내는 '平'과 발음이 같은 까닭이다.

　젊은이는 일반적으로 유행하는 음반, 장신구 등을 좋아하며 이것은 우리의 선물 문화와 마찬가지이다. 남의 결혼식에 가거나, 설이 되면 돈을 붉은 봉투에 넣어서 선물 대신 주기도 하는데 이를 '红包 hóngbāo'라고 한다.

你姓什么?

당신의 성은 무엇입니까?
Nǐ xìng shénme?

기본 회화 1 성은 무엇입니까?

A 老师，我想问一下儿。
Lǎoshī, wǒ xiǎng wèn yíxiàr.

我的学生证办好了没有？
Wǒ de xuéshēngzhèng bàn hǎo le méiyǒu?

B 你姓什么？
Nǐ xìng shénme?

A 我姓崔，叫崔正友。
Wǒ xìng Cuī, jiào Cuī Zhèngyǒu.

B 崔同学，你的学生证还没办好。
Cuī tóngxué, nǐ de xuéshēngzhèng hái méi bàn hǎo.

你明天再来吧。
Nǐ míngtiān zài lái ba.

A_ 선생님, 여쭤볼게요. 제 학생증은 잘 처리되었나요?
B_ 너는 성이 뭐니?
A_ 저는 최씨이고, 최정우라고 해요.
B_ 최동학, 네 학생증은 아직 처리가 안 끝났어. 내일 다시 오렴.

01 표현 다지기

■ 我的学生证办好了没有?　　Wǒ de xuéshēngzhèng bàn hǎo le méiyou?

'办好'에서 '好'는 결과 보어 용법으로 '잘 마무리 됨'을 나타낸다. 결과 보어는 동사 뒤에 놓여서 동작의 결과를 보충 설명하는 역할을 한다. 결과 보어로는 동사와 형용사가 쓰이며 결과 보어와 동사는 긴밀하게 결합되어 있어 하나의 단어와도 같다. 따라서 완료태를 나타내는 '了'나 목적어는 반드시 결과 보어 뒤에 놓아야 한다.

- 我看好了这本书。　　　　　나는 이 책을 다 보았다.
  Wǒ kàn hǎo le zhè běn shū.

- 我听懂了你的话。　　　　　나는 네 말을 알아들었다.
  Wǒ tīng dǒng le nǐ de huà.

■ 还没办好。　　hái méi bàn hǎo.

'还没'는 일이 아직 발생하지 않았지만 머지않아 그 일이 발생할 것임을 나타낸다. '还'는 '아직, 여전히'의 뜻으로 쓰였다. '还没'가 쓰인 경우 문장 끝에 종종 조사 '呢'를 동반한다. 또한 결과 보어가 쓰인 동사구의 부정은 일반적으로 '没(有)'를 사용한다.

- 今天的作业我还没做完呢。　　오늘 숙제를 나는 아직 다 하지 못했다.
  Jīntiān de zuòyè wǒ hái méi zuò wán ne.

- 我还没拿到学生证。　　　　　나는 아직 학생증을 받지 못했다.
  Wǒ hái méi ná dào xuéshēngzhèng.

| 学生证　xuéshēngzhèng　학생증 | 办　bàn　처리하다 |

04 당신의 성은 무엇입니까?

기본 회화 이쪽은 제 중국 친구입니다

A 我来介绍一下儿。 这是我的中国朋友林芳。
　Wǒ lái jièshào yíxiàr. Zhè shì wǒ de Zhōngguó péngyou Lín Fāng.

B 你好, 林芳。 我叫崔正友。
　Nǐ hǎo, Lín Fāng. Wǒ jiào Cuī Zhèngyǒu.

C 你好, 认识你很高兴。 你是从韩国来的吗?
　Nǐ hǎo, rènshi nǐ hěn gāoxìng. Nǐ shì cóng Hánguó lái de ma?

B 是的。 我家在韩国大田。
　Shìde. Wǒ jiā zài Hánguó Dàtián.

A_ 내가 소개 한번 할게. 이 쪽은 내 중국 친구 린팡이야.
B_ 안녕, 린팡, 나는 최정우라고 해.
A_ 안녕, 너를 알게 되어 반가와. 너는 한국에서 왔니?
B_ 그래, 우리 집은 한국의 대전이야.

02 표현 다지기

■ 介绍一下儿 Jièshào yíxiàr.

동사의 뒤에 '一下'는 '좀 …해 보다'의 뜻으로 쓰여, 말을 부드럽게 만들어 준다. '一下'의 원래 뜻은 '한번, 1회'인데 동작이 짧은 시간 동안 이루어진다는 뜻도 나타낸다.

- 打一下 dǎ yíxià   한번 치다
- 等一下 děng yíxià 좀 기다리다
- 看一下 kàn yíxià   좀 보다

■ 你是从韩国来的吗？ Nǐ shì cóng Hánguó lái de ma?

위 문장에서는 '(是)…的' 강조 구문이 사용되었다. 이 때 '是'는 생략이 가능하며, '的'가 술어 동사의 뒤, 또는 문장 끝에 쓰여 시간, 장소, 방법, 대상 등을 강조한다. 일반적으로 과거에 발생한 일을 언급하는데, 말의 중점이 동작에 있는 것이 아니라 부사어, 목적어를 강조한다.

- 我是昨天来的。   나는 어제 왔다.
  Wǒ shì zuótiān lái de.
- 谁买的票？   누가 표를 샀니?
  Shéi mǎi de piào?

生词

认识 rènshi 알다   从 cóng …부터
大田 Dàtián (지명) 대전

04 당신의 성은 무엇입니까?

기본 회화 3 당신의 이름은 무엇입니까?

A 我昨天刚从美国来。 你是这儿的学生吗?
Wǒ zuótiān gāng cóng Měiguó lái. Nǐ shì zhèr de xuésheng ma?

B 是, 我是中文系的学生。 你叫什么名字?
Shì, wǒ shì Zhōngwénxì de xuésheng. Nǐ jiào shénme míngzi?

A 我叫李大伟。
Wǒ jiào Lǐ Dàwěi.

B 李大伟? 是你的中国名字?
Lǐ Dàwěi? Shì nǐ de Zhōngguó míngzi?

A 对, 这是一个中国朋友给我起的。
Duì, zhè shì yí ge Zhōngguó péngyou gěi wǒ qǐ de.

A_ 저는 어제 막 미국에서 왔습니다. 당신은 여기 학생입니까?
B_ 네, 저는 중문과 학생입니다. 당신 이름은 뭐죠?
A_ 저는 리다웨이라고 합니다.
B_ 리다웨이요? 당신의 중국 이름입니까?
A_ 네, 그건 중국친구가 제게 지어준 겁니다.

Nǐ xìng shénme? 04

03 표현 다지기

■ **是你的中国名字?**　Shì nǐ de Zhōngguó míngzi?

위의 문장을 보면 문장 자체로는 평서문과 동일하다. 하지만 문맥상 상대에게 질문을 하는 문장이다. 문장에 의문문을 나타내는 성분이 없지만 어조를 통해 의문을 나타낼 수 있는 것이다. 이 문장의 어조는 반드시 상승조로 읽어야 한다. 이같이 평서문이 상황에 따라 의문을 표시하는 경우를 일상 생활에서 아주 흔하게 볼 수 있다.

- 这是你的?　　　　이 건 네 거니?
  Zhè shì nǐ de?

- 他是老师?　　　　그 사람 선생님이니?
  Tā shì lǎoshī?

■ **起**　qǐ

'起'는 '起名字'에서 '이름을 짓다'의 뜻으로 쓰인다.
우리 나라에서처럼 중국에서도 작명소에서 아이의 이름을 짓거나 회사명을 짓는 경우가 많아지고 있는데 '작명소'는 중국말로 '起名店 qǐmíngdiàn'이라고 한다.

- 这个名字谁给你起的?　　이 이름은 누가 네게 지어 준 거니?
  Zhège míngzi shéi gěi nǐ qǐ de?

 生词

刚　gāng　막, 방금　　　　中文系　Zhōngwénxì　중국어과
起　qǐ　이름을 짓다

47

04 당신의 성은 무엇입니까?

문법 포인트 결과 보어

[결과 보어]

동사 뒤에 놓여서 동작의 결과를 보충 설명하는 것을 '결과 보어'라고 한다. 동사 술어는 단지 어떤 동작이나 행동의 진행을 설명하는 것이고, 결과 보어는 그 동작이나 행위가 구체적으로 어떤 결과를 가져왔는가 하는 것을 보충 설명하는 것이다. 결과 보어로는 주로 동사와 형용사가 쓰이며, 결과 보어와 동사는 긴밀하게 결합되어 있어 하나의 단어와도 같다. 따라서 동태 조사 '了'나 목적어는 반드시 결과 보어 뒤에 놓아야 한다.

我听懂了他的话。　　나는 그의 말을 알아들었다.
Wǒ tīngdǒng le tā de huà.

他看完了这本书。　　그는 이 책을 다 보았다.
Tā kàn wán le zhè běn shū.

또한 어떤 결과가 생긴 동작은 일반적으로 완료된 동작이므로 결과 보어를 가진 문장을 부정할 때는 동사 앞에 '没(有)'를 쓰며, 정반 의문문도 역시 '…没有?'의 형식을 취한다.

我没(有)找到他。　　나는 그를 찾지 못했다.
Wǒ méi(yǒu) zhǎo dào tā.

你解开上衣没有?　　너는 웃옷을 벗었니?
Nǐ jiěkāi shàngyī méiyǒu?

■ 상용 결과 보어

• 完 wán 동작의 완료를 표시

我作完作业了。　　나는 숙제를 다 했다.
Wǒ zuò wán zuòyè le.

• 好 hǎo 동작이 비교적 좋은 '완성 단계'에 이름을 표시

我们一定要学好汉语。　　우리들은 반드시 중국어를 잘 배워야 한다.
Wǒmen yídìng yào xué hǎo Hànyǔ.

Nǐ xìng shénme? 04

결과 보어

- **走** zǒu 일정한 장소에서 멀어지게 함을 표시

  你把这些书拿走。 당신은 이 책들을 가져 가시오.
  Nǐ bǎ zhèxiē shū ná zǒu.

- **开** kāi 일정한 장소에서 분리되게 함을 표시

  把窗户打开吧。 창문을 여세요.
  Bǎ chuānghù dǎ kāi ba.

- **住** zhù 일정한 장소에 머무르게 함을 표시

  你必须记住买本子。 당신은 노트 사는 것을 꼭 기억해야 한다.
  Nǐ bìxū jìzhù mǎi běnzi.

- **见** jiàn 행위를 통하여 시각·청각 등 감각적으로 인지함을 표시

  你看见王大夫了没有? 당신은 왕 의사 선생님을 보았나요?
  Nǐ kàn jiàn Wáng dàifu le méiyǒu?

- **着** zháo 동작이 목적에 다다름을 표시

  那本书我们已经买着了。 그 책은 우리가 이미 샀다.
  Nà běn shū wǒmen yǐjīng mǎizháo le.

- **上** shàng 동작의 결과에 따라 '합쳐짐', '결합됨' 따위를 표시

  请关上窗户。 문을 닫아 주세요.
  Qǐng guānshàng chuānghù.

04 평가하기

1 다음 빈칸에 한어병음과 한자, 한글해석을 써 봅시다.

① 学生证　　xuéshēngzhèng　　[　　]
② [　　]　　bàn　　처리하다
③ 认识　　rènshi　　[　　]
④ 从　　[　　]　　…부터
⑤ 中文系　　[　　]　　중국어과
⑥ [　　]　　qǐ　　이름을 짓다

2 빈칸에 알맞은 한자를 찾아 써 봅시다.

┌─────────────────────┐
│　刚　起　高兴　没有　│
└─────────────────────┘

① 我昨天[　]从美国来。
② 我的学生证办好了[　]？
③ 认识你很[　]。
④ 我的名字是爸爸给我[　]的。

정답

1. ① 학생증　② 办　③ 알다　④ cóng　⑤ Zhōngwénxì　⑥ 起
2. ① 刚　② 没有　③ 高兴　④ 起

3 표시된 한자의 의미에 유의하면서 해석을 해 봅시다.

① 你的学生证还没办好。

② 我家在韩国大田。

③ 你是从韩国来的吗？

④ 谁买的票？

4 다음 우리말을 주어진 단어를 이용하여 중국어로 바꿔 보자.

① 내일 다시 오렴.   再

② 그는 어제 왔다.   是 …的

③ 나는 중문과 학생이다.   中文系

 정답

3. ① 네 학생증은 아직 처리가 안 끝났어.　② 우리 집은 한국의 대전이야.
　　③ 너는 한국에서 왔니?　④ 누가 표를 샀니?
4. ① 你明天再来吧。　② 他是昨天来的。　③ 我是中文系的学生。

04 어휘 플러스

여러 가지 동작2(动作 dòngzuò)

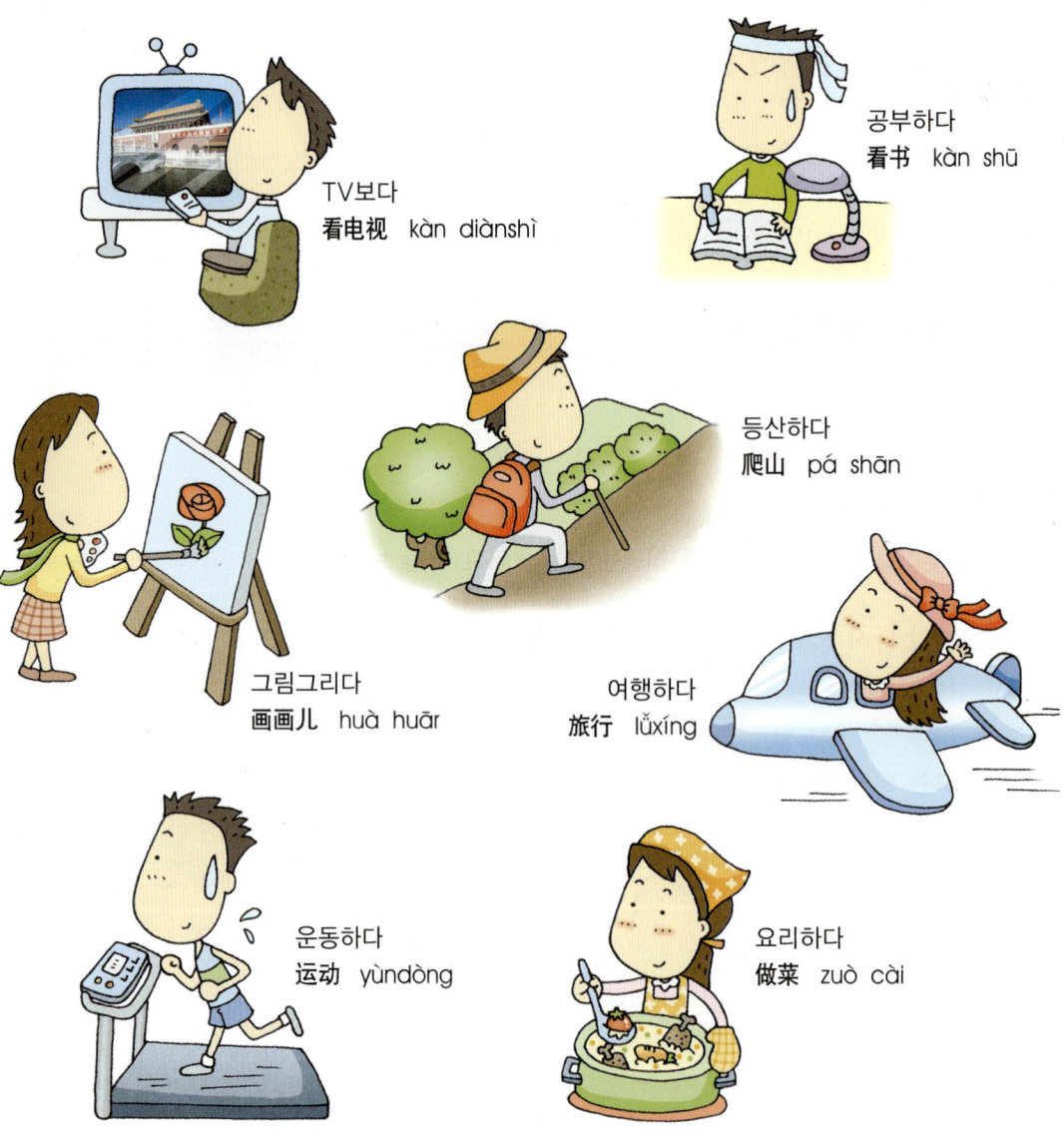

노래부르다 唱歌 chàng gē 춤추다 跳舞 tiào wǔ
수영하다 游泳 yóuyǒng 바둑두다 下棋 xià qí

중국 문화 산책

진시황릉과 병마용갱

■ **진시황릉(秦始皇陵 Qín Shǐhuánglíng)**

진나라 시황제(始皇帝 shǐhuángdì)의 묘로 중국 산시성(陝西省) 린퉁현(临潼县) 여산(骊山) 남쪽 기슭에 위치해 있다. 크기는 동서 485m, 남북 515m, 높이 약 76m이다. 《사기〈진시황본기(本紀)〉》에 의하면 시황제 즉위 초에 착공하여 시황제가 중국을 통일한 이후에는 70여만

진시황릉

명을 동원하여 완성했다고 한다. 내부에는 수은으로 강과 바다를 만드는 등 천상과 지상을 모방한 지하 궁전을 만들었고 도굴자가 접근하면 화살이 자동 발사되는 시설도 갖추었다고 하나 아직 발굴되지 않았으며 현재는 지상의 흔적이 없는 부분이 많다.

능원 동문 밖의 거대한 병마용갱은 세계적인 관심거리가 되었고, 능원 밖에서 발견된 100여 개의 형도묘는 건설 당시의 가혹한 강제노역의 실상을 짐작하게 한다. 1987년 유네스코 세계문화유산으로 지정되었다.

■ **진시황 병마용(秦始皇兵马俑 Qín Shǐhuáng bīngmǎyǒng)**

진시황 병마용

서안에서 가장 유명한 관광지인 병마용은 1974년 한 농부가 우물을 파다가 우연히 발굴했다고 한다. 병마용은 흙으로 빚어진 병사와 말을 가리키는데, 진시황의 무덤을 지키기 위해 만들어진 상징적인 것이다. 1974년에 발견된 이후 현재도 발굴이 계속되고 있다. 현재까지 3개의 갱(坑)이 발굴되었는데, 그 가운데 1호 갱에만 6,000여 병마가 실물 크기로 정연하게 늘어서 있어 금방이라도 함성을 지르며 무기를 들고 달려나올 것만 같다. 이들 병사용은 하나같이 표정이 다르고, 손에는 무기를 들고 있다.

05 这是谁的照相机?

이것은 누구의 카메라인가요?
Zhè shì shéi de zhàoxiàngjī?

기본 회화 1 이것은 누구의 카메라지요?

A 请问, 这是谁的照相机?
Qǐngwèn, zhè shì shéi de zhàoxiàngjī?

B 对不起, 这是我的照相机。
Duì bu qǐ, zhè shì wǒ de zhàoxiàngjī.

A 你是哪国人?
Nǐ shì nǎ guórén?

B 我是韩国人。 这是我的护照。
Wǒ shì Hánguórén. Zhè shì wǒ de hùzhào.

A 给你照相机。
Gěi nǐ zhàoxiàngjī.

A_ 실례지만, 이것이 누구의 카메라지요?
B_ 미안합니다. 이것은 제 카메라입니다.
A_ 당신은 어느 나라 사람입니까?
B_ 저는 한국 사람입니다. 이건 저의 여권입니다.
A_ 카메라 여기 있습니다.

Zhè shì shéi de zhàoxiàngjī? 05

01 표현 다지기

■ 照 zhào

'照'는 '비추다, 사진 찍다'의 동사 용법과, '사진, 면허증'의 명사 용법, '…에 따라'의 전치사 용법이 있다.

- 照了一片电影。 영화 한 편을 찍었다.
  Zhàole yípiàn diànyǐng.
- 禁止无照行车。 무면허 운전 금지.
  Jìnzhǐ wúzhào xíngchē.
- 照常工作。 평소대로 일하다.
  Zhàocháng gōngzuò.

■ 给你照相机。 gěi nǐ zhàoxiàngjī

'给'는 간접 목적어와 직접 목적어를 모두 가질 수 있는 동사이다.

- 给他一个星期的假。 그에게 일주일의 휴가를 주다.
  Gěi tā yíge xīngqī de jià.

또한 동사 뒤에 쓰여 '주다, 바치다'의 뜻을 나타낸다. 이 때 동사 자체가 '주다'의 뜻을 가지고 있는 경우는 그 뒤에 '给'를 생략할 수도 있으나, 동사 자체가 '주다'의 뜻이 없으면 동사 뒤에 반드시 '给'를 써야 한다.

- 送(给)我一本书。 내게 책 한 권을 보내 주다. [동사에 '주다'의 뜻이 있는 경우]
  Sòng (gěi) wǒ yì běn shū.
- 留给你照相机。 카메라를 남겨 주다
  Liú gěi nǐ zhàoxiàngjī.

 生词

照相机 zhàoxiàngjī 카메라   护照 hùzhào 여권

05 이것은 누구의 카메라입니까?

기본 회화 2 어디에서 중국어를 배웠나요?

A 你在哪儿学的汉语?
Nǐ zài nǎr xué de Hànyǔ?

B 在韩国首尔学的。
Zài Hánguó Shǒu'ěr xué de.

A 你是跟韩国老师学的吗?
Nǐ shì gēn Hánguó lǎoshī xué de ma?

B 不是，我是跟中国老师学的。
Bú shì, wǒ shì gēn Zhōngguó lǎoshī xué de.

A_ 당신은 어디에서 중국어를 배웠습니까?
B_ 한국 서울에서 배웠습니다.
A_ 당신은 한국 선생님에게 배웠습니까?
B_ 아니오, 저는 중국 선생님에게 배웠습니다.

Zhè shì shéi de zhàoxiàngjī? 05

02 표현 다지기

■ 你在哪儿学的汉语? Nǐ zài nǎr xué de Hànyǔ?

이 문장은 '(是)…的' 강조구문이 사용되었다. 문장에 목적어가 있을 경우 '的'의 위치는 동사와 목적어의 사이에 둘 수 있다. 이 문장의 뜻은 중국어를 배운 것은 알고 있다는 전제 하에 '장소'에 의미의 중점이 있다.

- 我在北京买的书。 나는 북경에서 책을 샀다.
  Wǒ zài Běijīng mǎi de shū.
- 他是昨天进的城。 그는 어제 시내에 갔다.
  Tā shì zuótiān jìn de chéng.

■ 你是跟韩国老师学的吗? Nǐ shì gēn Hánguó lǎoshī xué de ma?

역시 '(是)…的' 강조구문으로 '跟韩国老师'가 강조되었다. '跟'은 '…를 따르다'의 동사 용법과 '…와, …에게, …향하여'의 전치사 용법이 있다. '跟+사람+学' 표현은 '…에게서 배우다'로 사용된다. 이 때 '跟'은 '向'으로 바꿔 쓸 수 있다.

- 请跟我学。 나를 따라 하세요.
  Qǐng gēn wǒ xué.
- 向内行学习。 전문가에게서 배우다.
  Xiàng nèiháng xuéxí.

 生词

首尔 Shǒu'ěr (지명) 서울

05 이것은 누구의 카메라입니까?

기본 회화 3 — 당신의 중국어 선생님은 한국 사람인가요?

A 你的汉语老师是韩国人还是中国人？
Nǐ de Hànyǔ lǎoshī shì Hánguórén háishì Zhōngguórén?

B 是韩国人。 他教得很认真。
Shì Hánguórén. Tā jiāo de hěn rènzhēn.

A 你汉语说得不错。 发音像中国人一样。
Nǐ Hànyǔ shuō de búcuò. Fāyīn xiàng Zhōngguórén yīyàng.

B 哪里哪里，还差得远呢。
Nǎli nǎli, hái chà de yuǎn ne.

A _ 당신의 중국어 선생님은 한국 사람입니까? 아니면 중국 사람입니까?
B _ 한국 사람입니다. 그는 아주 열심히 가르칩니다.
A _ 당신은 중국어를 잘하는군요. 발음이 중국 사람과 같아요.
B _ 천만에요, 아직 멀었습니다.

03 표현 다지기

■ **还是** háishì

'还是'는 대체로 세 가지의 용법이 있다. 우선 원래 '还'의 뜻에 해당하는 '동작이나 상태가 지속됨'을 나타내는 '아직, 여전히'의 뜻이다.

- 他还是不懂。 그는 여전히 이해하지 못한다.
  Tā háishì bù dǒng.

또, '…하는 편이 낫다'의 뜻으로 제안을 나타낸다.

- 天气凉了，还是多穿点儿吧。 날씨가 차졌으니, 옷을 좀 더 입는 것이 낫겠다.
  Tiānqì liáng le, háishì duō chuān diǎnr ba.

마지막으로 본문에서 사용된 '아니면'의 뜻으로 의문문에서 선택을 나타낸다.

- 你喜欢我还是喜欢他？ 너는 나를 좋아하니, 아니면 그를 좋아하니?
  Nǐ xǐhuan wǒ háishì xǐhuan tā?

■ **哪里哪里，还差得远呢。** Nǎli nǎli, hái chà de yuǎn ne.

'哪里'는 칭찬을 들었을 때 쓰는 겸손한 표현이다. 말 그대로 '과찬의 말씀입니다'라고 할 때는 '过奖过奖 guòjiǎng guòjiǎng'이라고 말한다. 또는 '천만에요'의 의미로 '不敢当 bù gǎndāng'이라고 말할 수도 있다.

'差得远'은 직역하면 '차이가 멀리 떨어져 있다'라는 뜻으로 역시 자신의 실력을 겸손하게 나타낸 것이다. 다른 표현으로 '我只会说几句。 Wǒ zhǐ huì shuō jǐ jù.(나는 몇 마디 밖에 할 줄 모릅니다)'라고 말해도 된다.

生词

认真 rènzhēn 성실하다	发音 fāyīn 발음	像 xiàng 닮다, …같다
一样 yíyàng 똑같다	差 chà 부족하다	

05 이것은 누구의 카메라입니까?

문법 포인트 '的'의 용법

[的의 용법]

'的'는 조사로서 중심어를 수식하는 한정어의 뒤에 쓰여 '…의, …할(하는)'으로 해석된다.

> 한정어 + '的' + 중심어
> (수식하는 말)　(수식받는 말)

또, 뒤에 중심어 없이 '…것'의 뜻이 되어 한정어를 체언화하는 기능이 있다.

(1) 명사 · 대명사 + '的' + 중심어

妈妈的生日　　　어머니의 생일
māmā de shēngrì

你们的学校　　　너희들의 학교
nǐmen de xuéxiào

(2) 동사 · 형용사 + '的' + 중심어

他结婚的时候　　그가 결혼할 때
tā jiéhūn de shíhou

身体很好的爸爸　건강이 아주 좋은 아버지
shēntǐ hěn hǎo de bàba

(3) 형용사 + '的' + (중심어 생략)

大的九岁, 小的四岁。　　　　큰 아이는 아홉 살, 작은 아이는 네 살입니다.
Dàde jiǔ suì, xiǎode sì suì.

这个太贵, 有便宜的吗?　　　이것은 너무 비싼데, 싼 것이 있습니까?
Zhège tài guì, yǒu piányi de ma?

Zhè shì shéi de zhàoxiàngjī? 05

'的'의 용법

(4) 명사 · 대명사 + '**的**' + (중심어 생략)

这本书是你的吗? 이 책은 네 것이니?
Zhè běn shū shì nǐ de ma?

(5) 확신의 어조를 나타내는 문장 끝의 '**的**'

他会来的。 그 사람은 올 것입니다.
Tā huì lái de.

他见到你会很高兴的。 그 사람은 당신을 만나면 기뻐할 것입니다.
Tā jiàn dào nǐ huì hěn gāoxìng de.

05 평가하기

1 다음 빈칸에 한어병음과 한자, 한글해석을 써 봅시다.

① ____　zhàoxiàngjī　카메라
② 护照　____　여권
③ 首尔　Shǒu'ěr　____
④ 认真　____　성실하다
⑤ ____　fāyīn　발음
⑥ 一样　yíyàng　____

2 빈칸에 알맞은 한자를 찾아 써 봅시다.

| 差　哪　像　跟 |

① 你是 ___ 国人？
② 你是 ___ 韩国老师学的吗？
③ 发音 ___ 中国人一样。
④ 哪里哪里, 还 ___ 得远呢。

　1. ① 照相机　② hùzhào　③ 서울　④ rènzhēn　⑤ 发音　⑥ 똑같다
　　2. ① 哪　② 跟　③ 像　④ 差

3 표시된 한자의 의미에 유의하면서 해석을 해 봅시다.

① 给你照相机。　　_____

② 我在北京买的书。　_____

③ 他教得很认真。　　_____

④ 汉语说得不错。　　_____

4 다음 우리말을 주어진 단어를 이용하여 중국어로 바꿔 보자.

① 이것은 저의 여권입니다.　　护照

_____

② 저는 서울에서 배웠습니다.　　首尔

_____

③ 당신은 한국 사람입니까? 아니면 중국 사람입니까?　　还是

_____

정답
3. ① 카메라 여기 있습니다. 　　② 나는 북경에서 책을 샀다.
　 ③ 그는 아주 열심히 가르칩니다. ④ 중국어를 괜찮게 하는군요.
4. ① 这是我的护照。 ② 在韩国首尔学的。 ③ 你是韩国人还是中国人?

05 어휘 플러스

공항에서 (机场 jīchǎng)

여권　护照　hùzhào

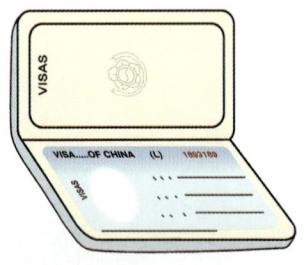

비자　签证　qiānzhèng

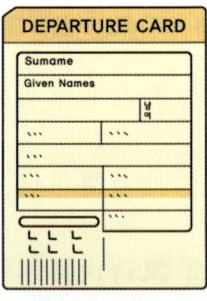

출/입국 신고서
出/入境登记卡
chū/rù jìngdēngjìkǎ

여행자　旅客 / 游客　lǔkè / yóukè

짐 라벨　行李牌　xínglipái

짐　行李　xíngli

세관직원　海关人员　hǎiguān rényuán

飞机　fēijī　비행기　　　　　机场　jīchǎng　공항
机票　jīpiào　비행기표　　　机场建设费　jīchǎng jiànshèfèi　공항 이용료
登机牌　dēngjīpái　탑승권　登机口　dēngjīkǒu　탑승구
免税店　miǎnshuìdiàn　면세점　绿色通道　lǜsè tōngdào　면세 통로
健康证明(书)　jiànkāng zhèngmíng (shū)　건강증명서

중국 문화 산책

중국의 명승고적 Ⅱ

■ 계림(桂林 Guìlín)

계림은 중국의 가장 유명한 관광 도시이며 또한 역사의 도시이다. 중국 대륙 남부의 광시성(广西省 Guǎngxīshěng) 동북부에 위치해 있고, 아열대 기후에 속해 기온이 따뜻하다. 계림이라는 명칭은 이 곳이 옛부터 계수나무가 많은 지역으로 '계수나무 꽃이 흐드러지게 피는 곳'이라는 뜻이다. 3억 년 전에는 바다였는데 지각 운동으로 인해 바다에 쌓여 있던 석회암이 육지 위로 상승한 형태이다. 이후에 풍

계림의 이강(漓江) 풍경

화와 침식작용을 거쳐서 비로소 지금과 같은 지리 형세가 이루어졌다. 계림은 이강(漓江 Líjiāng)과 그 주위의 풍경이 잘 어우러져 "桂林山水甲天下。 Guìlín shānshuǐ jiǎ tiānxià. 계림의 산수가 천하제일이다."라는 찬사를 받고 있다.

곤명 석림

■ 곤명(昆明 Kūnmíng)

곤명은 윈난성(云南省 Yúnnánshěng)의 수도이며 해발 1천 9백 미터의 고원에 위치한 봄의 도시이다. 일년 내내 기온의 변화가 적어 항상 봄과 같은 날씨이기 때문에 언제나 꽃을 볼 수 있는데 이 때문에 '春城 chūnchéng (봄의 도시)'이라고도 불린다. 백족, 묘족 등 약 21개 소수민족이 함께 살고 있으며 근처의 주요 관광지로는 스린(石林 Shílín), 따리(大理 Dàlǐ), 리쟝(丽江 Lìjiāng), 시슈앙반나(西双版纳 Xīshuāngbǎnnà) 등이 있다.

06 我们去火车站怎么走?

우리는 기차역에 어떻게 가지요?
Wǒmen qù huǒchēzhàn zěnme zǒu?

기본회화 우리는 기차역에 어떻게 가지요?

A 我们去火车站怎么走?
Wǒmen qù huǒchēzhàn zěnme zǒu?

B 马路对面是地铁站,
Mǎlù duìmiàn shì dìtiězhàn,

地铁坐三四站可以到火车站。
dìtiě zuò sān-sì zhàn kěyǐ dào huǒchēzhàn.

A 打的怎么样?
Dǎ dí zěnmeyàng?

B 现在堵车堵得很厉害。还是坐地铁好。
Xiànzài dǔchē dǔ de hěn lìhai. Háishì zuò dìtiě hǎo.

A_ 우리는 기차역에 어떻게 가지요?
B_ 큰 길 건너편이 지하철 역이에요. 지하철 타고 서너 역을 가면 기차역이에요.
A_ 택시 타는 건 어때요?
B_ 지금은 차가 심하게 막혀요. 아무래도 지하철을 타고 가는게 낫겠어요.

Wǒmen qù huǒchēzhàn zěnme zǒu? 06

01 표현 다지기

■ 打的 Dǎ dí

'택시를 타다'를 나타내는 구어표현이다. 정식으로 말할 때는 '坐出租车 zuò chūzūchē'라고 한다. '打'는 '坐' 대신에 쓰인 것이고, '的'는 택시를 음역한 '的士 díshì'의 준말이다.

A : 你是怎么来的? 너는 어떻게 왔니?
　　Nǐ shì zěnme lái de?

B : 我是打的来的。 나는 택시타고 왔어.
　　Wǒ shì dǎdí lái de.

■ 堵车堵得很厉害。 Dǔ chē dǔ de hěn lìhai.

'堵车'는 '길이 차로 막히다'의 뜻이며, 동사 '堵'에 목적어 '车'가 온 것이다. 뒤에 나온 '堵得 很厉害'는 '차가 막히는 정도가 아주 심하다'는 뜻을 나타내고 '동사+得+정도 보어' 문형에 해당한다. '得+정도 보어'는 술어의 동작이나 상태에 대해 보충 설명하는 역할을 한다.

- 他学得很好。 그는 아주 잘 배운다.
  Tā xué de hěn hǎo.

- 老师教得很好。 선생님은 아주 잘 가르치신다.
  Lǎoshī jiāo de hěn hǎo.

정도 보어가 쓰인 문장에서 동사가 목적어와 함께 나올 때는 다음과 같은 문형이 됨을 유의해야 한다. 앞의 동사는 생략이 가능하다.

'주어+(동사)+목적어+동사+得+정도 보어'

- 他学汉语学得很好。
  Tā xué Hànyǔ xué de hěn hǎo.

- = 他汉语学得很好。 그는 중국어를 아주 잘 배운다.
  Tā Hànyǔ xué de hěn hǎo.

生词

火车 huǒchē 기차	站 zhàn 역, 정거장	对面 duìmiàn 맞은 편
地铁 dìtiě 지하철	打的 dǎdí 택시를 타다	堵 dǔ (차가) 막히다
厉害 lìhai 심하다, 지독하다		

06 우리 기차역에 어떻게 가지요?

기본회화 2 서점은 어디 있지요?

A 我要买一本词典。书店在哪儿？
　　Wǒ yào mǎi yì běn cídiǎn. Shūdiàn zài nǎr?

B 书店就在图书馆的后边。
　　Shūdiàn jiù zài túshūguǎn de hòubiān.

A 我不知道图书馆在哪儿。
　　Wǒ bù zhīdao túshūguǎn zài nǎr.

B 顺着这条路一直往前走就行了。
　　Shùnzhe zhè tiáo lù yìzhí wǎng qián zǒu jiù xíng le.

A_ 저는 사전 한 권을 사려고 하는데요. 서점이 어디에 있죠?
B_ 서점은 바로 도서관 뒤쪽에 있어요.
A_ 저는 도서관이 어디 있는지 몰라요.
B_ 이 길을 따라 곧장 앞으로 가면 돼요.

生词

词典　cídiǎn　사전　　　后边　hòubiān　뒷쪽　　　顺着　shùnzhe　따라서
条　tiáo　(양사) 가늘고 긴 것을 세는 단위　　　一直　yìzhí　죽, 곧장
往　wǎng　…향하여　　　前　qián　앞

Wǒmen qù huǒchēzhàn zěnme zǒu? 06

02 표현 다지기

■ 就 jiù

'就'는 다양한 부사 용법이 있다. 기본적으로는 '곧, 바로'라는 의미로 아주 짧은 시간 내에 이루어진다는 것을 나타낸다.

- 你现在就去吧。 너 지금 바로 가라.
  Nǐ xiànzài jiù qù ba.

본문에서는 '바로, 꼭'의 뜻으로 사실이 바로 이렇다는 것을 표시한다.

- 那就是他的家。 저것이 바로 그의 집이다.
  Nà jiùshì tā de jiā.

그밖에 관용구로 '一…就~'표현은 '…하기만 하면 ~하다'의 뜻으로 두 개의 동작이 곧바로 연결됨을 나타낸다.

- 一听就明白。 듣기만 하면 안다.
  Yì tīng jiù míngbai.

■ 顺着这条路 Shùn zhe zhè tiáo lù

'顺'은 '같은 방향으로 따르다'라는 뜻의 동사이다. '着'는 '…한 채로'의 뜻으로 동사 뒤에 붙어 동사의 상태가 지속되고 있음과 지속되는 동사의 방식, 수단, 완료를 나타낸다.

- 走着去。 걸어서 간다.
  Zǒuzhe qù.
- 别戴着帽子吃饭。 모자를 쓴 채로 밥을 먹지 마라.
  Bié dàizhe màozi chī fàn.

'条'는 가늘고 긴 모양의 사물, '길, 강, 바지' 등을 세는 단위가 된다.

- 一条河 한 줄기 강
  yì tiáo hé
- 一条裤子 바지 한 장
  yì tiáo kùzi

06 우리 기차역에 어떻게 가지요?

기본회화 3 은행은 어떻게 갑니까?

A 请问, 银行怎么走?
Qǐngwèn, yínháng zěnme zǒu?

B 一直往前走, 到第二个路口往右拐。
Yìzhí wǎng qián zǒu, dào dì èr ge lùkǒu wǎng yòu guǎi.

A 得走多长时间?
Děi zǒu duōcháng shíjiān?

B 四五分钟吧。
Sì wǔ fēnzhōng ba.

A_ 실례지만 은행은 어떻게 가죠?
B_ 곧장 앞으로 가다가 두 번째 길목에서 오른쪽으로 도세요.
A_ 시간이 얼마나 걸릴까요?
B_ 사오분이면 될 거에요.

生词

银行 yínháng 은행
右 yòu 오른쪽
钟 zhōng 시계
第 dì 제, …번째
拐 guǎi 돌다
路口 lùkǒu 길목, 입구
长 cháng 길다

Wǒmen qù huǒchēzhàn zěnme zǒu?

03 표현 다지기

■ 往 wǎng

'往'은 원래 동사 '가다, 향하다'의 뜻에서 '…향해, …쪽으로'의 전치사 용법이 파생되었다.

- 往前看。   앞 쪽을 보다
  Wǎng qián kàn.

- 往心里去。   마음에 두고 신경 쓰다
  Wǎng xīnli qù.

■ 到第二个路口往右拐。 Dào dì èr ge lùkǒu wǎng yòu guǎi.

'路口'는 '갈림길, 길목'을 가리킨다. 사거리는 '十字路口 shízì lùkǒu', 삼거리는 '三岔路口 sānchà lùkǒu', '丁字路口 dīngzì lùkǒu'라고 한다.
'拐'는 '돌다'의 뜻으로 '转 zhuǎn'으로 대체할 수 있다.

- 往后转。   뒤로 돌아요.
  Wǎng hòu zhuǎn.

| 동 | 东 dōng | 서 | 西 xī | 남 | 南 nán | 북 | 北 běi | 중 | 中 zhōng |
| 전 | 前 qián | 후 | 后 hòu | 좌 | 左 zuǒ | 우 | 右 yòu | | |

■ 得走多长时间？ Děi zǒu duōcháng shíjiān?

'得 děi'는 조동사로 '…해야 하다'의 뜻이다. '多长时间'은 소요되는 시간을 물을 때 쓰는 말이다. '长'은 길이를 나타낼 때는 'cháng'으로 발음하고, '성장하다'의 뜻일 때는 'zhǎng'으로 발음한다.

- 到学校要多长时间？   학교에 도착하는 데 시간이 얼마나 걸리나요?
  Dào xuéxiào yào duōcháng shíjiān?

06 우리 기차역에 어떻게 가지요?

문법 포인트 정도 보어

[정도 보어]

동작이 어떤 형태로 행해졌는가 혹은 어떤 상태(정도)에 이르렀는가를 보충 설명해 주는 말을 정도 보어라고 한다.

동사와 정도 보어 사이는 구조 조사 '得'로 연결하며, 보통 형용사가 정도 보어가 된다.(때때로 동사 혹은 주술구가 정도 보어가 되는 경우도 있다.)

他今天起得很早。　　　그는 오늘 아주 일찍 일어났습니다.
Tā jīntiān qǐ de hěn zǎo.

他走得很快。　　　　　그는 아주 빠르게 걷습니다.
Tā zǒu de hěn kuài.

(1) 정도 보어를 가진 문장의 부정형은 정도 보어 앞에 부정 부사 '不'를 붙인다. 이 때 '不'를 동사 앞에 놓지 않도록 주의해야 한다. 또한 정반 의문문도 보어의 긍정형과 부정형을 병렬해야 한다.

他今天起得不早。　　　그는 오늘 일찍 일어나지 않았습니다.
Tā jīntiān qǐ de bù zǎo.

他走得快不快？　　　　그는 빠르게 걷습니까 그렇지 않습니까?
Tā zǒu de kuài bu kuài?

(2) 동사가 목적어를 수반하고 있을 때 정도 보어를 덧붙이려면 목적어 뒤에 동사를 반복하고 그 뒤에 정도 보어를 넣어야 한다.

他学汉语学得很快。　　그는 중국어를 아주 빨리 배웁니다.
Tā xué Hànyǔ xué de hěn kuài.

我唱中国歌唱得很好。　나는 중국노래를 잘 부릅니다.
wǒ chàng Zhōngguógē chàng de hěn hǎo.

정도 보어

목적어를 강조하려 하거나 목적어가 비교적 길고 복잡한 경우 이를 동사 앞이나 주어 앞에 놓을 수 있다. 정도 보어를 가진 문장에서 목적어를 앞에 둘 경우 동사를 반복할 필요가 없다.

他汉语学得很快。 그는 중국어를 아주 빨리 배웁니다.
Tā Hànyǔ xué de hěn kuài.

中国歌我唱得很好。 나는 중국노래를 잘 부릅니다.
Zhōngguógē wǒ chàng de hěn hǎo.

06 평가하기

1 다음 빈칸에 한어병음과 한자, 한글해석을 써 봅시다.

① 火车　　　huǒchē　　　[　　　]
② 地铁　　　[　　　]　　　지하철
③ 打的　　　dǎdí　　　　[　　　]
④ 银行　　　[　　　]　　　은행
⑤ [　　　]　lùkǒu　　　　길목, 입구
⑥ [　　　]　cháng　　　　길다

2 빈칸에 알맞은 한자를 찾아 써 봅시다.

　　顺着　还是　厉害　得

① 现在堵车堵得很 [　] 。
② [　] 坐地铁好。
③ [　] 这条路一直往前走就行了。
④ [　] 走多长时间？

1. ① 기차　② dìtiě　③ 택시 타다　④ yínháng　⑤ 路口　⑥ 长
2. ① 厉害　② 还是　③ 顺着　④ 得

3 표시된 한자의 의미에 유의하면서 해석을 해 봅시다.

① 地铁坐三四站可以到火车站。

② 打的怎么样？

③ 我不知道图书馆在哪儿。

④ 一直往前走。

4 다음 우리말을 주어진 단어를 이용하여 중국어로 바꿔 보자.

① 큰 길 건너편이 지하철 역이에요.　　对面

② 저는 사전 한 권을 사려고 하는데요.　　要

③ 학교에 도착하는 데 시간이 얼마나 걸리나요?　　多长时间

정답
3. ① 지하철을 타고 서너 역을 가면 기차역입니다.　② 택시 타는 건 어때요?
　　③ 저는 도서관이 어디 있는지 몰라요.　④ 곧장 앞으로 가세요.
4. ① 马路对面是地铁站。　② 我要买一本词典。　③ 到学校要多长时间？

06 어휘 플러스

교통(交通 jiāotōng)

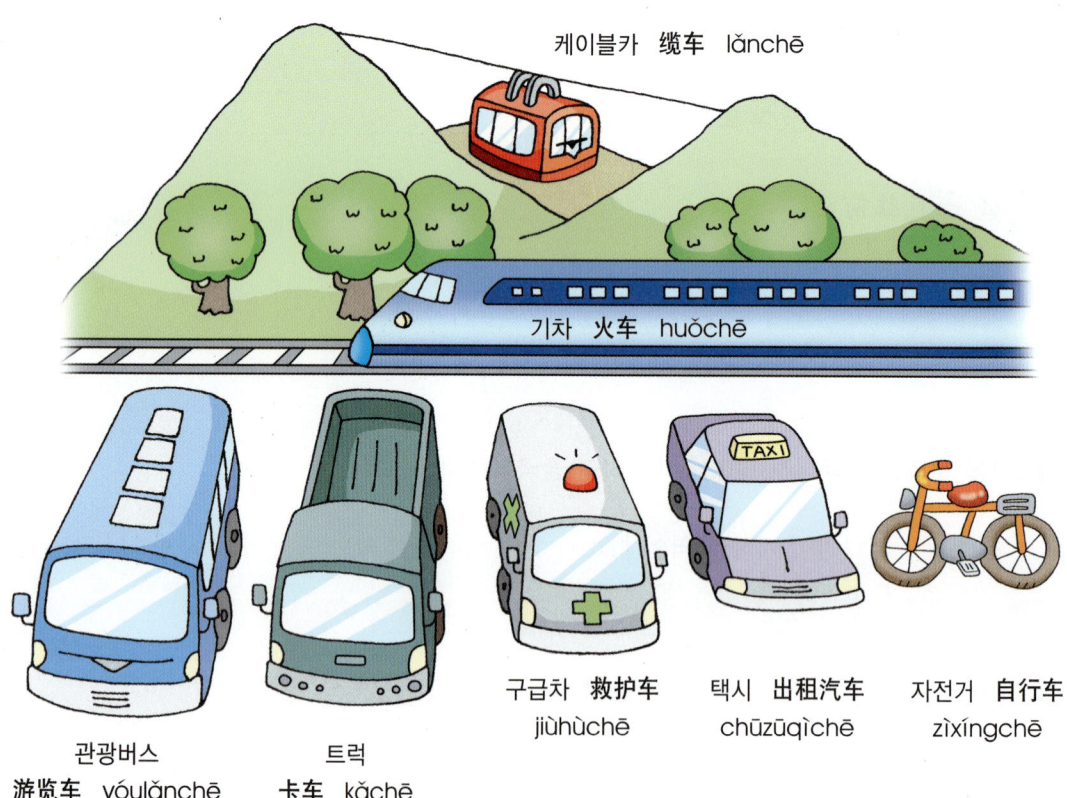

케이블카 缆车 lǎnchē
기차 火车 huǒchē
관광버스 游览车 yóulǎnchē
트럭 卡车 kǎchē
구급차 救护车 jiùhùchē
택시 出租汽车 chūzūqìchē
자전거 自行车 zìxíngchē

버스 公共汽车 gōnggòngqìchē		장거리버스 长途汽车 chángtú qìchē	
지하철 地铁 dìtiě	소방차 救火车 jiùhuǒchē	오토바이 摩托车 mótuōchē	
통근차 班车 bānchē	식당차 餐车 cānchē	화물열차 货车 huòchē	
급행열차 快车 kuàichē	완행열차 慢车 mànchē	특급 特快 tèkuài	
보통(일반)석 硬席 yìngxí	일등침대차 软卧车 ruǎnwòchē	일등객차 软席车 ruǎnxíchē	

중국의 철도

    철도는 넓은 대륙을 이동하는 수단으로서 매우 중요한 역할을 하고 있다. 총길이가 약 52,000km로서 지구를 일주하고도 남는 철도망을 형성하고 있다. 소요시간은 비행기보다 늦지만 가격이 저렴하고, 중국인들과 친밀한 교류를 할 수 있으며, 창밖으로 중국대륙을 느낄 수 있다는 이유로 많은 여행자들의 사랑을 받고 있다.

    열차의 종류는 다양한데 외국인 여행객이 주로 이용하는 특쾌(特快 tèkuài, 1~98번대), 장거리 여행에 적합한 직쾌(直快 zhíkuài, 100~200번대), 가까운 단거리 여행에 알맞은 쾌객(快客 tèkuài, 200~300번대), 완행열차인 보객(普客 pǔkè)등으로 나뉜다. '特快'는 북경과 주요도시를 연결하고 '直快'는 두 곳 이상의 철도국 사이를 운행한다. '快客'는 한 철도국 내를 달리는 급행열차이다. '快客'은 낮시간에 짧은 거리를 달려서 좌석이 많고, '直快' 이상은 비교적 장거리를 운행해서 식당차와 침대차로 되어 있다.

    좌석에 따라 분류하면 고급침대(软卧 ruǎnwò), 일반침대(硬卧 yìngwò), 고급좌석(软座 ruǎnwò), 일반좌석(硬座 ruǎnwò) 네 가지가 있다.

    '软卧'는 푹신한 침대로 외국인들이 주로 이용하며 가격이 비싸다. 2층 침대가 2개 있는 4인 1실이며 칸마다 문이 달려 있어 아는 사람 4명이 여행할 때 편리하다. 탑승하면 차표를 승무원이 회수하였다가 나중에 다시 돌려주므로 내릴 곳을 지나칠 염려는 없다.

    '硬卧'는 딱딱한 침대로 상. 중. 하 3단으로 나뉘어져 있으며 서로 마주보는 여섯 개의 침대가 한 칸으로 되어있다. 층마다 요금이 다르다. 칸막이가 있고 문은 없으며 얇은 메트리스와 시트, 베개, 담요, 보온병 등이 설치되어 있다.

    '软座'는 푹신한 좌석으로 주로 낮 시간에 운행하는 단거리 열차에 있다. 지정석이라 '硬座'처럼 혼잡하지 않아서 여유로이 풍경을 감상할 수 있다.

    '硬座'는 약간의 얇은 쿠션으로 된 딱딱한 좌석인데 중국 서민이 이용하는 일반좌석이다. 요금은 가장 저렴하지만 장거리 여행에는 부적당하다. 서민들이 이용하는 차량이므로 담배연기가 자욱하며 매우 시끄러우므로 장거리를 이용할 사람은 단단히 각오를 해야 한다.

07 두번 보기

你干什么呢?

당신은 무얼 하십니까?
Nǐ gàn shénme ne?

기본회화 지금 무얼 하고 있나요?

A 你干什么呢?
Nǐ gàn shénme ne?

B 看小说呢。
Kàn xiǎoshuō ne.

A 什么小说? 有意思吗?
Shénme xiǎoshuō? Yǒu yìsi ma?

B 挺有意思的。
Tǐng yǒu yìsi de.

A 看完以后借我看看, 行吗?
Kànwán yǐhòu jiè wǒ kànkan, xíng ma?

B 行。
Xíng.

A_ 너 뭐하니?
A_ 무슨 소설이야? 재미있어?
A_ 다 본 뒤에 나 좀 빌려 줄래?

B_ 소설을 보고 있어.
B_ 아주 재미있어.
B_ 좋아.

Nǐ gàn shénme ne? 07

01 표현 다지기

■ 呢 ne

'呢'는 의문문과 서술문의 끝에 다 쓸 수 있다. 우선 의문문의 끝에 쓰이는 경우 의문사가 있는 의문문, 선택 의문문, 생략 의문문에 쓰이며 의문의 어기를 나타낸다.

- 怎么办呢？　　　　　　　　　　　어떻게 해야지?
  Zěnme bàn ne?

- 你学英语呢，还是学汉语呢？　너는 영어를 배우니, 아니면 중국어를 배우니?
  Nǐ xué Yīngyǔ ne, háishì xué Hànyǔ ne?

- 人呢？都到哪儿去了？　　　사람은? 모두 어딜 갔니?
  Rén ne? Dōu dào nǎr qù le?

또한 서술문의 끝에 동작이나 상태가 계속되고 있음을 표시한다. 보통 '在', '正在' 등과 함께 쓰여 진행의 의미를 나타낸다.

- 张老师，门外有人找你呢。　　장 선생님, 밖에서 누가 찾고 있는데요.
  Zhāng lǎoshī, ménwài yǒu rén zhǎo nǐ ne.

그 밖에 문장의 중간에 써서 잠시 멈추어, 강조하는 어기를 나타내는 경우도 있다.

- 喜欢呢，就买下，不喜欢呢，就别买。좋으면 사고, 싫으면 사지 마세요.
  Xǐhuan ne, jiù mǎixià, bù xǐhuan ne, jiù bié mǎi.

 生词

小说　xiǎoshuō　소설　　　　　　　完　wán　마치다
借　jiè　빌리다

07 당신은 무얼 하십니까?

기본회화 ② 영화 보러 가겠어요?

A 我有两张电影票，你想去看电影吗？
Wǒ yǒu liǎng zhāng diànyǐngpiào, nǐ xiǎng qù kàn diànyǐng ma?

B 当然想去。 是哪部电影啊？
Dāngrán xiǎng qù. Shì nǎ bù diànyǐng a?

A 是个很好看的中国电影。 名字是《和你在一起》
Shì ge hěn hǎokàn de Zhōngguó diànyǐng. Míngzi shì 《Hé nǐ zài yìqǐ》

B 那太好了。我一定去。
Nà tài hǎo le. Wǒ yídìng qù.

A_ 나한테 영화표 두 장이 있는데, 너 영화 보러 갈래?
B_ 당연히 가지. 무슨 영화니?
A_ 아주 볼 만한 중국영화야. 제목은 '너랑 함께'이고.
B_ 그 참 잘됐다. 내가 꼭 갈게.

02 표현 다지기

■ **当然** dāngrán

'当然'은 '당연하다, 물론이다'의 형용사 용법과 부사 용법에 둘 다 쓰인다.

- 是的, 那当然。 그렇다, 그건 당연하다.
  Shìde, nà dāngrán.

- 他有困难, 当然要帮助。 그가 어려움이 있으면 당연히 도와야 한다.
  Tā yǒu kùnnan, dāngrán yào bāngzhù.

■ **好看** hǎokàn

형용사 '好'가 '看, 听, 闻, 吃, 受, 使, 玩儿' 등의 동사 앞에 쓰여 모양, 소리, 냄새, 맛, 감각 등이 만족할 만큼 좋음을 나타낸다. 이 '好'와 상대되는 것은 '难'으로 '难看, 难听, 难闻, 难吃, 难受'로 쓰인다.

- 他穿的衣服很好看。 그가 입은 옷은 매우 예쁘다.
  Tā chuān de yīfu hěn hǎokàn.

- 这歌很好听。 이 노래는 아주 듣기 좋다.
  Zhè gē hěn hǎotīng.

- 身上不大好受。 몸이 그다지 좋지 않다.
  Shēnshang bú dà hǎoshòu.

- 有什么好玩儿? 무엇이 재미있느냐?
  Yǒu shénme hǎowánr?

 生词

当然 dāngrán 당연히, 물론
好看 hǎokàn 보기 좋다, 흥미진진하다
部 bù (양사) 영화, 책 등을 세는 단위
一定 yídìng 반드시

기본회화 ③ 시간 있으세요?

A 丽丽，你今天晚上有空儿吗？
Lìlì, nǐ jīntiān wǎnshang yǒu kòngr ma?

B 有什么事吗？
Yǒu shénme shì ma?

A 一起吃晚饭好不好？ 我请客。
Yīqǐ chī wǎnfàn hǎo bu hǎo? Wǒ qǐng kè.

B 真对不起。我跟男朋友约好了去看话剧，他马上来接我。
Zhēn duì bu qǐ. Wǒ gēn nánpéngyou yuēhǎo le qù kàn huàjù, tā mǎshàng lái jiē wǒ.

A 什么？你已经有男朋友了？
Shénme? Nǐ yǐjing nánpéngyou le?

A_ 리리야, 너 오늘 저녁에 시간 있니?
B_ 무슨 일인데?
A_ 같이 저녁 먹는 거 어때? 내가 살께.
B_ 정말 미안해. 내가 남자친구와 연극 보러 가기로 약속을 했거든.
　　그가 곧 나를 데리러 올거야.
A_ 뭐라구? 너 벌써 남자친구가 생겼니?

03 표현 다지기

■ **一起吃饭好不好？** Yìqǐ chī fàn hǎo bu hǎo?

'…好不好?'는 상대방에게 제안을 할 때 쓰는 표현이다. 대신 쓸 수 있는 말에 '…好吗?', '…行不行?', '…行吗?', '…怎么样?'이 있다. 이러한 말을 곁들여 줄 때 어감이 부드러워진다.

- 一起去看电影, 怎么样？ 같이 영화보러 가는거 어때？
  Yìqǐ qù kàn diànyǐng, zěnmeyàng?

- 你先去买东西, 行吗？ 너 먼저 쇼핑하러 가라, 괜찮니？
  Nǐ xiān qù mǎi dōngxi, xíng ma?

■ **我跟男朋友约好了。** Wǒ gēn nán péngyou yuē hǎo le.

'跟'은 대상을 나타내는 전치사로 '…와'로 쓰였다. '约好'는 '说好'의 의미와 같으며 '약속을 정해 놓다'의 뜻이 된다. '约'가 사람을 목적어로 취할 경우 '초대하다, 부르다'의 뜻으로 쓰인다.

- 我想跟王老师约个时间说说。
  Wǒ xiǎng gēn Wáng lǎoshī yuē ge shíjiān shuōshuo.
  나는 왕 선생님과 시간을 약속하여 이야기하고자 한다.

- 约一个朋友看花去。
  Yuē yí ge péngyou kàn huā qù.
  한 친구를 불러내어 꽃 구경을 하러 가다.

约　yuē　약속하다　　　　　　话剧　huàjù　연극

문법 포인트 以前과 以后

[以前과 以后]

'以前'은 전치사로 쓰일 때는 문장의 뒤에 두고, '…하기 전에'의 뜻으로 쓰인다.

> 吃饭以前, 我要先洗手。　　밥을 먹기 전에 나는 먼저 손을 씻어야 한다.
> Chī fàn yǐqián, wǒ yào xiān xǐ shǒu.

이 '吃饭以前'의 앞에 부정형 부사인 '没'를 써도 그 의미는 같다. 즉,

> 没开始的时候, 我要准备。　　시작하기 전에 나는 준비해야 한다.
> Méi kāishǐ de shíhou, wǒ yào zhǔnbèi.

전치사로 쓰이는 '…以后'도 역시 문장 뒤에 놓인다.

> 学了中文以后, 我要到中国去。　중국어를 배운 후에 나는 중국에 가려고 한다.
> Xuéle Zhōngwén yǐhòu, wǒ yào dào Zhōngguó qù.

'以后'의 앞에 동사가 올 때는 완료형 어미 '了'를 쓰는 것이 일반적이다. 단, 동사의 뒤에 결과 보어가 있을 때는 了를 생략해도 무방하다.

> 看到他以后　　그를 본 후에
> Kàndào tā yǐhòu
>
> 学会中文以后　중국어를 마스터한 후에
> Xuéhuì Zhōngwén yǐhòu

'以前', '以后'는 또한 시간을 나타내는 명사로도 쓰인다. 이 때 주로 절의 앞 부분에 온다. 절의 맨 앞에 있을 때 절 전체를 수식하고 동사의 앞에 있을 때는 동사의 상황어로 쓰인다.

> 以前你看过中国电影吗？　전에 당신은 중국 영화를 본 적이 있습니까?
> Yǐqián nǐ kànguo Zhōngguó diànyǐng ma?
>
> 你以前在哪儿学习汉语？　당신은 예전에 어디에서 중국어를 공부했습니까?
> Nǐ yǐqián zài nǎr xuéxí Hànyǔ?

以前과 以后

以后我们再去长城吧。 이 다음에 우리 다시 만리장성에 갑시다.
Yǐhòu wǒmen zài qù Chángchéng ba.

他1980年来过中国,以后再也没来。
Tā yī jiǔ bā líng nián láiguo Zhōngguó, yǐhòu zài yě méi lái.
그는 1980년에 중국에 온 적이 있었는데, 그 후로 다시 오지 않았다.

07 평가하기

1 다음 빈칸에 한어병음과 한자, 한글해석을 써 봅시다.

① [　　] xiǎoshuō 소설
② 当然 [　　] 당연히, 물론
③ 好看 hǎokàn [　　]
④ 约 [　　] 약속하다
⑤ [　　] jiè 빌리다
⑥ 话剧 huàjù [　　]

2 빈칸에 알맞은 한자를 찾아 써 봅시다.

跟　行　呢　部

① 你干什么 [　] ?
② 是哪 [　] 电影啊?
③ 看完以后借我看看, [　] 吗?
④ 我 [　] 男朋友约好了去看话剧。

1. ① 小说　② dāngrán　③ 보기 좋다　④ yuē　⑤ 借　⑥ 연극
2. ① 呢　② 部　③ 行　④ 跟

3 표시된 한자의 의미에 유의하면서 해석을 해 봅시다.

① 挺有意思的。

② 是个很好看的中国电影。

③ 一起吃晚饭好不好？

④ 你已经有男朋友了？

4 다음 우리말을 주어진 단어를 이용하여 중국어로 바꿔 보자.

① 어떻게 해야지?　　　　办

② 이 노래는 아주 듣기 좋다.　　好听

③ 너 오늘 저녁에 시간 있니?　　有空儿

 정답
3. ① 아주 재미있어.　　② 아주 볼 만한 중국영화야.
　　③ 같이 저녁 먹는 거 어때?　　④ 너 벌써 남자친구가 생겼니?
4. ① 怎么办呢?　　② 这歌很好听。　　③ 你今天晚上有空儿吗?

07 어휘 플러스

영화 관련 어휘 (电影 diànyǐng)

- 영화배우 演员 yǎnyuán
- 여주인공 女主角 nǚ zhǔjiǎo
- 남주인공 男主角 nán zhǔjiǎo
- 스포트라이트 聚光灯 jùguāngdēng
- 감독 导演 dǎoyǎn
- 촬영기사 摄影师 shèyǐngshī
- 시네 카메라 电影摄影机 diànyǐng shèyǐngjī
- 영화관 电影院 diànyǐngyuàn 
- 스크린, 은막 银幕 yínmù
- 만화 영화 卡通片 kǎtōngpiàn

情侣票 qínglǚpiào	연인석 표	国际巨星 guójì jùxīng	국제스타
好莱坞大片 Hǎoláiwùdàpiàn	헐리우드 영화	票房 piàofáng	흥행랭킹
科幻片 kēhuànpiàn	공상과학 영화	爱情片 àiqíngpiàn	애정 영화
恐怖片 kǒngbùpiàn	공포 영화	喜剧片 xǐjùpiàn	코미디 영화
贺岁片 hèsuìpiàn	신년 영화		

중국의 4대 미인

　중국의 4대 미인은 춘추시대의 서시, 한나라의 왕소군, 삼국시대의 초선, 당나라의 양귀비를 꼽는다. 이 미인들은 각 시대마다 국가의 흥망성쇠를 같이하며 인구에 회자되었기 때문에, 시대를 거쳐 내려오면서 많은 이야기들이 전해오고 있다.

침어(浸魚) 서시(西施) "물고기가 헤엄치는 것을 잊다"
　춘추 말기 월나라의 여인이다. 어느 날 그녀가 강변에 있을 때 맑은 강물이 그 아름다운 모습을 비추었는데 이 모습을 본 물고기가 헤엄치는 것을 잊고 천천히 강바닥으로 가라앉았다. 그래서 서시는 침어(浸魚)라는 칭호를 얻게 되었다. 서시는 오 왕 부차(夫差)에게 바쳐졌는데 부차는 서시의 미모에 사로잡혀 정치를 돌보지 않게 되었고 마침내 월나라에 패망하였다.

낙안(落雁) 왕소군(王昭君) "기러기가 날개짓을 잊고 떨어지다"
　한나라 동진(東晉)의 황제 중종원제는 흉노(匈奴)와의 화친을 위해 왕소군을 흉노의 군주 선우와 결혼을 하게 하였다. 길을 떠나던 그녀는 날아가는 기러기를 보고 고향생각이 나 금(琴)을 연주하였다. 그러자 한 무리의 기러기가 그 아름다운 음율을 듣다가 날개짓을 잊고 땅으로 떨어졌다. 이에 왕소군은 낙안(落雁)이라는 칭호를 얻었다.

폐월(閉月) 초선(貂蟬) "달이 부끄러워 얼굴을 가리다"
　초선은 한나라 말기의 대신 왕윤(王允)의 양녀인데, 용모가 아름답고 노래와 춤에 능했다. 어느 날 저녁 화원에서 달을 보고 있을 때 구름이 달을 가렸다. 이를 본 왕윤이 "달도 내 딸에게는 비할 수 없구나. 부끄러워 구름 뒤로 숨는구나."고 하였다. 이 때부터 초선은 폐월(閉月)이라고 불리게 되었다.

수화(羞花) 양귀비(楊貴妃) "꽃을 부끄럽게 하는 아름다움"
　어느 날 당대(唐代)의 미녀 양옥환(楊玉環)이 화원에서 꽃을 감상하며 우울함을 달래다가 무의식중에 함수화(含羞花)를 건드렸다. 함수화는 바로 잎을 말아 올렸다. 당현종은 '꽃을 부끄럽게 하는 아름다움'에 찬탄하고는 그녀를 '절대가인(絶對佳人)'이라 칭했다.

08 你父母亲在哪儿工作?

당신 부모님은 어디에서 일하시나요?
Nǐ fùmǔqīn zài nǎr gōngzuò?

기본회화 당신 아버지는 어디에서 일을 하시죠?

A 你父亲在哪儿工作?
Nǐ fùqīn zài nǎr gōngzuò?

B 他在公司工作,他是公司职员。
Tā zài gōngsī gōngzuò, tā shì gōngsī zhíyuán.

A 你母亲呢?
Nǐ mǔqīn ne?

B 她是中学老师。 她教英语。
Tā shì zhōngxué lǎoshī. Tā jiāo Yīngyǔ.

A 你将来想做什么?
Nǐ jiānglái xiǎng zuò shénme?

B 我想当大夫。
Wǒ xiǎng dāng dàifu.

Nǐ fùmǔqīn zài nǎr gōngzuò? 08

A 为什么当大夫？
Wèi shénme dāng dàifu?

B 当大夫能帮助别人，而且能赚很多钱。
Dāng dàifu néng bāngzhù biérén, érqiě néng zhuàn hěn duō qián.

A_ 당신 아버지는 어디서 일하세요?

B_ 아버지는 회사에서 일하세요. 회사원이세요.

A_ 당신 어머니는요?

B_ 어머니는 중학교 선생님이시고, 영어를 가르치세요.

A_ 당신은 장래에 뭘 하고 싶으세요?

B_ 저는 의사가 되고 싶어요.

A_ 왜 의사가 되려고 하는데요?

B_ 의사는 다른 사람을 도와줄 수 있고, 또 돈을 많이 벌잖아요.

 生词

父亲 fùqīn 아버지	公司 gōngsī 회사	职员 zhíyuán 직원
母亲 mǔqīn 어머니	中学 zhōngxué 중고등학교	将来 jiānglái 장래
当 dāng …이 되다	为什么 wèi shénme 왜	能 néng 할 수 있다
别人 biérén 다른 사람	而且 érqiě 게다가	赚 zhuàn 돈 벌다

08 당신 부모님은 어디에서 일하시나요?

01 표현 다지기

■ **中学** zhōngxué

중국어에서 '中学'는 중학교 뿐 아니라 고등학교도 포함한다. 따라서 중국의 '○○中学'에 다니는 학생은 중학생 혹은 고등학생이 된다. 이를 나누어 말할 때 중학교는 '初中 chūzhōng', 고등학교는 '高中 gāozhōng'으로 나타내고, 각각 초급중학, 고급중학의 뜻이 된다. 그밖에 초등학교는 '小学 xiǎoxué', 대학교는 '大学 dàxué'라고 한다.

- 초등학생 小学生 xiǎoxuéshēng
- 중학생 初中生 chūzhōngshēng
- 고등학생 高中生 gāozhōngshēng
- 대학생 大学生 dàxuéshēng

■ **我想当大夫。** Wǒ xiǎng dāng dàifu.

'当'은 동사로 쓰여 '…가 되다'의 뜻이다. 질문에 쓰인 동사 '做'로 써도 된다. 역시 장래 희망을 묻는 질문으로 '你将来想当什么？ Nǐ jiānglái xiǎng dāng shénme?'라고 할 수 있다. 그리고 '当'의 용법 중에 그 시간이나 장소를 가리키는 뜻인 '当…时候(…할 때)'로도 자주 사용된다.

- 当学习的时候, 不要做别的事。 학습할 때에는 딴 짓을 하지 마라.
  Dāng xuéxí de shíhou, búyào zuò bié de shì.

■ **能帮助别人** néng bāngzhù biérén

'能 néng'은 가능성을 나타내는 조동사 중의 하나이다. 가능성을 나타내는 조동사에는 '能' 외에 '会 huì', '可以 kěyǐ'가 있는데 각각 쓰임이 다르다.
'可以'는 주로 '…해도 좋다, …할 수 있다'의 허락에 의미를 담고 있다.
'会'는 어떤 기능을 배워서 할 수 있는 경우 '…할 줄 안다'의 뜻으로 주로 쓰인다.
'能'은 능력, 가능성, 허락에 모두 쓰일 수 있다.

- 这儿能吃饭吗? 　　　　　　　　　여기에서 식사를 해도 됩니까?
  Zhèr néng chī fàn ma?

- 我能去你们那儿。　　　　　　　　내가 너희 있는 곳에 갈 수 있다.
  Wǒ néng qù nǐmen nàr.

- 他会开车。　　　　　　　　　　　그는 (배워서) 운전을 할 줄 안다.
  Tā huì kāi chē.

- 今天他身体不好,不能开车。　　　오늘 그는 몸이 좋지 않아서 운전할 수 없다.
  Jīntiān tā shēntǐ bù hǎo, bù néng kāi chē.

■ 而且 érqiě

접속사로서 '게다가, 그리고'의 의미로 덧붙여 말할 때 쓰인다. 주로 앞 구절에 호응하는 접속사로 '不但 búdàn'이 있다.

- 不但价钱便宜,而且东西也很好。　　가격이 쌀 뿐만 아니라, 게다가 물건도 좋다.
  Búdàn jiàqián piányi, érqiě dōngxi yě hěn hǎo.

- 这个小孩子很可爱,而且很聪明。　　이 아이는 귀여울 뿐 아니라 아주 똑똑하다.
  Zhège xiǎoháizi hěn kěài, érqiě hěn cōngming.

기본회화 ❷ 그 사람이 당신을 알더군요

A 哎, 你回来了。
Āi, nǐ huí lái le.

B 我今天在书店里碰见一个中国人, 他说认识你。
Wǒ jīntiān zài shūdiàn lǐ pèng jiàn yí ge Zhōngguórén, tā shuō rènshi nǐ.

A 男的还是女的?
Nánde háishì nǚde?

B 男的。
Nánde.

A 他叫什么?
Tā jiào shénme?

B 糟糕, 我忘了。
Zāogāo, wǒ wàng le.

A 他长得什么样儿?
Tā zhǎng de shénmeyàngr?

B 挺年轻的, 大概二十多岁。 圆脸, 大眼睛。
Tǐng niánqīng de, dàgài èrshí duō suì.   Yuán liǎn, dà yǎnjing.

个子比较高, 有点儿瘦。
Gèzi bǐjiào gāo, yǒu diǎnr shòu.

A 我知道了, 可能是王刚的弟弟, 王强。
Wǒ zhīdao le, kěnéng shì Wáng Gāng de dìdi, Wáng Qiáng.

Nǐ fùmǔqīn zài nǎr gōngzuò? 08

A_ 아, 너 돌아왔구나.
B_ 나 오늘 서점에서 중국인을 만났는데, 그 사람이 널 알더라.
A_ 남자야 여자야?
B_ 남자야.
A_ 이름이 뭐래?
B_ 아차, 내가 까먹었어.
A_ 그 사람 어떻게 생겼니?
B_ 아주 젊어, 대략 스물 몇 살 되어 보이고. 둥근 얼굴에 눈이 커. 키는 꽤 크고, 좀 말랐어.
A_ 알겠다. 아마 왕강의 남동생 왕치앙일 거야.

 生词

碰见 pèng jiàn 우연히 만나다	男的 nánde 남자
女的 nǚde 여자	糟糕 zāogāo 망치다, 아뿔싸, 아차
忘 wàng 잊다	年轻 niánqīng 젊다
大概 dàgài 대개, 아마	圆 yuán 둥글다
脸 liǎn 얼굴	个子 gèzi 키
瘦 shòu 마르다, 여위다	可能 kěnéng 아마도
王刚 Wáng Gāng (인명) 왕 강	王强 Wáng Qiáng (인명) 왕 치앙

02 표현 다지기

■ 碰见 pèng jiàn

'碰'은 원래 '부딪히다'의 뜻을 갖고 있으므로, 결과 보어 '见'과 어울려 '우연히 만나다'의 뜻으로 쓰인다. 비슷한 표현에 '遇见 yùjiàn'이 있고, '见' 대신에 '到'를 써도 같은 뜻이다.

- 真想不到在这儿遇到你了。 정말 뜻밖에도 여기에서 너를 만났구나.
  Zhēn xiǎng bu dào zài zhèr yù dào nǐ le.

- 在路上遇到一个老同学。 길에서 옛 학우를 만나다.
  Zài lùshàng yù dào yí ge lǎotóngxué.

■ 男的还是女的? Nánde háishì nǚde?

'男'과 '女'는 회화체에서 독립적으로 쓰이지 않는다. 다른 명사와 함께 쓰이는 경우가 아닐 때 끝에 '的'를 넣어서 각각 '男的'와 '女的'처럼 쓰여 '남자', '여자'의 뜻이 된다.

- 我们老师是男。(X)
  Wǒmen lǎoshī shì nán.

- 我们老师是男的。(O) 우리 선생님은 남자이다.
  Wǒmen lǎoshī shì nánde.

■ 大概 dàgài 可能 kěnéng

'大概', '可能'은 추측을 나타내는 부사들이다. 이밖에 '恐怕 kǒngpà', '也许 yěxǔ'가 있는데 모두가 '아마'로 해석될 수 있으나, 약간씩 쓰임의 차이가 있다.
'大概'는 숫자적으로 어림잡아 말하는 경우에 많이 쓰인다.

- 今天气温大概三十度。 오늘 기온이 아마 삼십도 정도일 거야.
  Jīntiān qìwēn dàgài sānshí dù.

'恐怕'는 나쁜 결과를 예상하거나 여의치 않은 것을 추측할 때 주로 쓰인다.

- 他恐怕不能来。 그는 아마도 올 수 없을 것이다.
  Tā kǒngpà bù néng lái.

Nǐ fùmǔqīn zài nǎr gōngzuò? 08

'可能', '也许'의 우리말 뜻으로 '어쩌면, 아마, 혹시'로 사용된다.

- 他可能不知道。　　　그는 아마 모를 것이다.
  Tā kěnéng bù zhīdao.

- 他也许忘了。　　　혹시 그가 잊었을지도 모른다.
  Tā yěxǔ wàng le.

■ **有点儿瘦** yǒudiǎnr shòu

'有点儿'은 '조금, 약간'의 뜻으로 대개 여의치 않은 일에 쓰인다.

- 这几天有点儿忙。　　　요며칠 좀 바쁘다.
  Zhè jǐ tiān yǒudiǎnr máng.

- 他心里有点儿不高兴。　　　그는 마음속으로 기분이 좀 나빴다.
  Tā xīnlǐ yǒudiǎnr bù gāoxìng.

08 당신 부모님은 어디에서 일하시나요?

문법 포인트 조동사 용법

[조동사 용법]

(1) 要 yào

- …하려고 하다

    你要去看吗?　　당신은 가서 보겠습니까?
    Nǐ yào qù kàn ma?

- …해야 한다

    我们要去吗?　　우리는 가야만 합니까?
    Wǒmen yào qù ma?

(2) 能 néng

- …할 수 있다.

    我不能买。　　나는 살 수 없습니다.
    Wǒ bù néng mǎi.

(3) 会 huì

- (배워서) …할 수 있다.

    我会说汉语。　　나는 중국어를 말할 줄 압니다.
    wǒ huì shuō Hànyǔ.

- (추측) …할 것이다.

    他明天会去中国。　　그는 내일 중국에 갈 것이다.
    Tā míngtiān huì qù Zhōngguó.

(4) 可以 kěyǐ

- …할 수 있다.

    我可以买。　　나는 살 수 있다.
    Wǒ kěyǐ mǎi.

- …해도 좋다.

    你可以去。　　너는 가도 좋다.
    Nǐ kěyǐ qù.

조동사 용법

(5) **想 xiǎng**

- …하고 싶다

  我**想**买衣服。 　　나는 옷을 사고 싶다.
  Wǒ xiǎng mǎi yīfu.

(6) **打算 dǎsuan**

- …하려고 하다

  我**打算**联系他。 　　나는 그에게 연락하려고 한다.
  Wǒ dǎsuan liánxì tā.

(7) **应该 yīnggāi**

- …해야 한다.

  你**应该**买这个。 　　너는 이것을 사야만 한다.
  Nǐ yīnggāi mǎi zhège.

(8) **得 děi**

- …해야 한다.

  我**得**学汉语。 　　나는 중국어를 배워야 한다.
  Wǒ děi xué Hànyǔ.

08 평가하기

1 다음 빈칸에 한어병음과 한자, 한글해석을 써 봅시다.

① 将来　　jiānglái　　[　　　]
② [　　　]　　zhíyuán　　직원
③ 赚　　zhuàn　　[　　　]
④ 糟糕　　[　　　]　　망치다, 아뿔싸
⑤ [　　　]　　niánqīng　　젊다
⑥ 瘦　　[　　　]　　마르다, 여위다

2 빈칸에 알맞은 한자를 찾아 써 봅시다.

> 在　　想　　大概　　还是

① 他 [　] 公司工作, 他是公司职员。
② 你将来 [　] 做什么？
③ 男的 [　] 女的？
④ [　] 二十多岁。

 1. ① 장래　② 职员　③ 돈 벌다　④ zāogāo　⑤ 年轻　⑥ shòu
2. ① 在　② 想　③ 还是　④ 大概

3 표시된 한자의 의미에 유의하면서 해석을 해 봅시다.

① 我想当大夫。

② 不但价钱便宜, 而且东西也很好。

③ 我今天在书店了里碰见一个中国人。

④ 可能是王刚的弟弟。

4 다음 우리말을 주어진 단어를 이용하여 중국어로 바꿔 보자.

① 의사는 다른 사람을 도와줄 수 있다.   能

② 이 아이는 귀여울 뿐 아니라 아주 똑똑하다.   而且

③ 그 사람 어떻게 생겼니?   长得

 정답

3. ① 저는 의사가되고 싶어요.   ② 가격이 살 뿐만 아니라, 게다가 물건도 좋다.
③ 나 오늘 서점에서 중국인을 만났다.   ④ 아마 왕강의 남동생일거야.

4. ① 当大夫能帮助别人。   ② 这个小孩子很可爱, 而且很聪明。   ③ 他长得什么样儿?

08 어휘 플러스

중국의 행정구역

● 23개의 성

흑룡강성	黑龙江省	Hēilóngjiāng Shěng
요녕성	辽宁省	Liáoníng Shěng
하북성	河北省	Héběi Shěng
섬서성	陕西省	Shǎnxī Shěng
청해성	青海省	Qīnghǎi Shěng
안휘성	安徽省	Ānhuī Shěng
절강성	浙江省	Zhèjiāng Shěng
복건성	福建省	Fújiàn Shěng
호북성	湖北省	Húběi Shěng
사천성	四川省	Sìchuān Shěng
운남성	云南省	Yúnnán Shěng
대만	台湾	Táiwān
길림성	吉林省	Jílín Shěng
하남성	河南省	Hénán Shěng
산서성	山西省	Shānxī Shěng
감숙성	甘肃省	Gānsù Shěng
산동성	山东省	Shāndōng Shěng
강소성	江苏省	Jiāngsū Shěng
강서성	江西省	Jiāngxī Shěng
호남성	湖南省	Húnán Shěng
광동성	广东省	Guǎngdōng Shěng
귀주성	贵州省	Guìzhōu Shěng
해남도	海南岛	Hǎinándǎo Shěng

● 5개의 자치구

티벳자치구	西藏自治区	Xīzàng Zìzhìqū
신강위구르자치구	新疆维吾尔族自治区	Xīnjiāng Wéiwǔ'ěrzú Zìzhìqū
내몽고자치구	内蒙古自治区	Nèi Měnggǔ Zìzhìqū
영하회족자치구	宁夏回族自治区	Níngxià Huízú Zìzhìqū
광서장족자치구	广西壮族自治区	Guǎngxī Zhuàngzú Zìzhìqū

● 4개의 직할시

북경시	北京市	Běijīngshì	상해시	上海市	Shànghǎishì
천진시	天津市	Tiānjīnshì	중경시	重庆市	Chóngqìngshì

● 2개의 특별행정구

홍콩	香港	Xiānggǎng	마카오	澳门	Àomén

중국의 4대 기서

중국의 사대기서(四大奇書)는 중국 명나라 때의 네 편의 걸작소설을 가리키는 말로 나관중(羅貫中)의《삼국지연의(三國志演義)》, 시내암(施耐庵)과 나관중(羅貫中)의《수호지(水滸志)》, 오승은(吳承恩)의《서유기(西遊記)》, 난릉소소생(蘭陵笑笑生)의《금병매(金甁梅)》가 바로 그것이다.

■ 삼국지연의(三國志演義)
중국 한나라 말기의 위, 촉, 오 삼국의 실제 역사를 바탕으로 하여 뛰어난 상상력으로 수많은 픽션을 가미하여 쓴 역사소설이다. 등장인물로 나오는 유비, 관우, 장비, 제갈공명, 관우 등 영웅호걸의 이야기는 널리 인구에 회자되는 친숙한 소재가 되었다.

■ 수호지(水滸誌)
중국 송나라 때 반역집단의 활약을 그린 장편역사서로 등장 인물만 108명에 이르는데 등장인물 모두가 주인공이 될수 있을 정도로 개성들이 잘 표현 되어있다.

■ 서유기(西遊記)
당의 고승 현장이 신통력을 지닌 세 명의 제자 손오공, 저팔계, 사오정과 함께 악귀들을 물리치며 인도로 경전(經典)을 얻기 위해 떠난다는 이야기이다.

■ 금병매(金甁梅)
《수호지》에 등장하는 인물인 무송 (武松)을 비롯한 몇명을 차용하여 부호 서문경(西門慶)과 반금련(潘金蓮)의 가정 사이에 벌어지는 음탕한 사건을 배합한 소설로 명나라의 정치 부패와 부호 계층의 타락상을 사실적으로 묘사했다.

09 这是我们家的全家福。

두번보기

이것은 우리 집의 가족 사진입니다.
Zhè shì wǒmen jiā de quánjiāfú.

기본회화 1 우리 집 가족사진입니다.

A 这是什么？
Zhè shì shénme?

B 这是我们家的全家福。
Zhè shì wǒmen jiā de quánjiāfú.

A 照片上的人都是谁呀？
Zhàopiànshang de rén dōu shì shéi ya?

B 你猜一猜。
Nǐ cāi yi cāi.

A 你长得挺像照片上的这个年轻人的。
Nǐ zhǎng de tǐng xiàng zhàopiànshang de zhège niánqīngrén de.

他是你哥哥吧？
Tā shì nǐ gēge ba?

B 告诉你吧。这是我叔叔。
Gàosu nǐ ba. Zhè shì wǒ shūshu.

Zhè shì wǒmen jiā de quánjiāfú. 09

A 他今年多大了？ 看起来很年轻。
Tā jīnnián duōdà le? Kànqǐlái hěn niánqīng.

B 二十八岁。 他比我大五岁。
Èrshíbā suì. Tā bǐ wǒ dà wǔ suì.

A_ 이거 뭐야?

B_ 우리 집 가족 사진이야.

A_ 사진에 있는 사람들은 모두 누구니?

B_ 맞춰보렴.

A_ 너 사진에 이 젊은 사람과 많이 닮았다. 네 형이니?

B_ 알려줄게. 우리 삼촌이야.

A_ 삼촌이 올해 몇 살인데? 아주 젊게 보여.

B_ 스물여덟이야. 나보다 다섯 살이 많지.

生词

全家福 quánjiāfú 가족 사진	照片 zhàopiàn 사진	呀 ya 조사, '啊 a'의 변이음
猜 cāi 추측하다	像 xiàng 닮다	叔叔 shūshu 삼촌
看起来 kànqǐlái 보아하니		

09 이것은 우리 집의 가족 사진입니다.

01 표현 다지기

■ **全家福** quánjiāfú

'全家福'는 '온 가족의 행복'이라는 뜻에서 연상되는 것으로 '가족 사진', 한 집단의 '단체 사진'이라는 말이 된다. 같은 뜻에 '合家欢 héjiāhuān(온 가족의 즐거움)'이란 말도 쓴다. 그리고, 중국 요리 중에서 여러 가지를 섞은 잡탕과 유사한 것이 있는데 이 요리 이름도 '全家福'이다.

- 这个全家福是什么时候照的？ 이 가족 사진은 언제 찍었나요?
  Zhège quánjiāfú shì shénme shíhou zhào de?

■ **都是谁呀？** Dōu shì shéi ya?

'呀'는 조사 '啊'와 같은 역할을 하며 단지 발음이 다를 뿐이다. '啊'는 문장의 끝이나 중간에 쓰여 앞 글자의 모음의 영향을 받아 음이 변하는데, 이것을 나타내기 위해 다음과 같은 글자를 사용하기도 한다.

앞 글자의 모음	끝 부분		'啊'의 발음표기	글자
a, e, i, o, ü	a	→	ia	呀 ya
u, ao, ou	a	→	ua	哇 wa
-n	a	→	na	哪 na
-ng	a	→	nga	啊 a

조사 '啊'가 의문문에 쓰였을 때 의심스러운 기분이 좀 더 증가되며 비교적 듣기에 편한 말투가 된다. '啊'는 '吗'와 달리 '啊' 자체로는 의문을 나타내는 작용이 없다. 따라서 '啊'를 쓰는 의문 문장은 의문사를 지니든가, 술어 부분이 긍정+부정의 의문 구조로 되어 있든가, 아니면 문장 끝의 억양이 올라가든가 해야 한다.

- 什么事啊？   Shénme shì a?   무슨 일인가요?   [의문사가 있는 경우]
- 你去不去啊？ Nǐ qù bu qù a?   당신은 가나요 안 가나요? [긍정+부정의 의문 구조]
- 你不想去啊？ Nǐ bù xiǎng qù a? 가고 싶지 않다구요?   [올라간 억양]

Zhè shì wǒmen jiā de quánjiāfú.

■ 你猜一猜。　Nǐ cāi yi cāi.

'猜一猜'처럼 동사가 반복해서 나온 형태를 중첩형이라고 한다. 동사가 중첩되면 시간이 짧다든지, 동작을 시도해 보다는 의미로 쓰이며, 어기를 부드럽게 하는 역할을 한다.
단음절 동사의 중첩 형식은 'AA'이며 뒤에 오는 동사는 경성으로 가볍게 읽어야 한다. 두 개의 음절 사이에 '一'을 붙여 'A一A'라고 해도 같은 의미로 쓰인다.

- 看看 kànkan = 看一看 kàn yi kàn　한 번 보다

2음절 동사의 중첩 형식은 'ABAB'이며 중첩된 동사들 사이에는 '一'을 붙일 수 없다.

- 帮助帮助　　좀 도와주다
  Bāngzhù bāngzhù

■ 告诉你吧。　Gàosu nǐ ba.

'吧'는 문 끝에 쓰여 동의 또는 승낙의 어기를 나타낸다.

- 好吧, 就这样。 Hǎo ba, jiù zhèyàng.　좋아, 이렇게 해.

'吧'는 상대방의 의견을 구하는 의문의 어기를 나타내기도 한다.

- 你有时间去吧？ Nǐ yǒu shíjiān qù ba?　당신은 갈 시간이 있겠지요?

■ 他今年多大了？　Tā Jīntiān duōdà le?

'多大了'는 나이를 묻는 표현 중에 가장 일반적인 것이다. 손아랫사람, 어린아이에게 물을 때는 '几岁了？ jǐ suì le?'를 연배가 높은 사람에게는 '多大年纪？ duōdà niánjì?'를 쓴다. 그 밖에 다음과 같은 표현이 있다.

- 他今年二十几了？　그는 올해 스물 몇이지?
  Tā jīnnián èrshí jǐ le?

■ 看起来很年轻。　Kàn qǐ lái hěn niánqīng.

'起来'는 동사 뒤에 쓰이는 복합 방향 보어 역할을 한다. '看'과 함께 쓰여 인상이나 견해를 나타내는 의미를 더해 주었다.

- 看起来要下雨。 Kànqǐlái yào xià yǔ.　보아하니 비가 올 것 같다.
- 听起来很好听。 Tīngqǐlái hěn hǎotīng.　들어보니 아주 듣기 좋다.

09 이것은 우리 집의 가족 사진입니다.

기본회화 ② 가족이 몇 명이지요?

A 嗨, 正友, 你还没告诉我呢。 你家有几口人?
Hāi, Zhèngyǒu, nǐ hái méi gàosu wǒ ne. Nǐ jiā yǒu jǐ kǒu rén?

B 我家? 一共有五口人。爸爸、妈妈、弟弟、妹妹和我。
Wǒ jiā? Yígòng yǒu wǔ kǒu rén. Bàba, māma, dìdi, mèimei hé wǒ.

A 我们不像你。 中国许多家庭都只有一个孩子。
Wǒmen bú xiàng nǐ. Zhōngguó xǔduō jiātíng dōu zhǐyǒu yí ge háizi.

B 是吗? 你家只有三口人吗?
Shì ma? Nǐ jiā zhǐ yǒu sān kǒu rén ma?

A 对, 我朋友家都是这样。
Duì, wǒ péngyou jiā dōu shì zhèyàng.

B 我听说中国的小孩子都被叫做小皇帝。
Wǒ tīngshuō Zhōngguó de xiǎo háizi dōu bèi jiào zuò xiǎo huángdì.

A 你说得对。
Nǐ shuō de duì.

Zhè shì wǒmen jiā de quánjiāfú.   09

A _ 야, 정우야, 너 아직 나한테 너희 집 식구가 몇인지 얘기 안 했지?

B _ 우리 집? 모두 다섯이야. 아빠, 엄마, 남동생, 여동생, 그리고 나야.

A _ 우리는 너희와 달라. 중국에 많은 가정들은 모두 아이가 하나밖에 없어.

B _ 그러니? 너희 집에 식구가 셋밖에 없어?

A _ 응, 내 친구 집도 다 그래.

B _ 내가 듣자니까 중국의 어린 아이들은 다 '소황제'로 불린다고 하던데.

A _ 네 말이 맞아

生词

许多 xǔduō 많은	家庭 jiātíng 가정	小孩子 xiǎoháizi 어린애
被 bèi (…에게) 당하다	叫做 jiào zuò …라고 부르다(불리다)	
皇帝 huángdì 황제		

109

09 이것은 우리 집의 가족 사진입니다.

02 표현 다지기

■ 几口人？ Jǐ kǒu rén?

식구 수를 물을 때 쓰는 표현이다. 식구 수가 아닌, 단순히 사람 수를 묻는 경우는 '几个人？'으로 묻는다. 음식점의 종업원이 손님에게 '몇 분인가요?'라고 묻는다면 '几位？ jǐ wèi?'라고 한다. '几'는 일반적으로 10 미만의 숫자를 나타낼 때 쓰이며, '多少'는 숫자가 큰 것을 나타낼 수 있다.

- 他家只有两口人。 그의 집은 단지 두 식구 뿐이다.
  Tā jiā zhǐ yǒu liǎng kǒu rén.

■ 一共有五口人。 Yígòng yǒu wǔ kǒu rén.

'一共'은 총계를 나타내는 '모두'의 뜻이다. 우리말 '모두'에 해당하는 단어로 '都'가 있지만 여기서는 쓰지 않는다. 왜냐하면 '都'는 범위를 총괄하는데 비해서, '一共'은 숫자상의 총합을 나타내므로 뒤에 수량사를 동반한다. 즉 '他们家都有三口人。'의 경우, '그 사람들 집은 다 식구가 셋이다.'라는 뜻으로 '他们家'에 대해 '都'의 범위가 적용되는 것이다.

- 你们学校一共有多少学生？ 너희 학교에는 학생이 모두 몇 명이니?
  Nǐmen xuéxiào yígòng yǒu duōshao xuéshēng?
- 她一共生了五个孩子。 그녀는 모두 5명의 아이를 낳았다.
  Tā yígòng shēngle wǔ ge háizi.

■ 我们不像你。 Wǒmen bú xiàng nǐ.

'像'이 동사로 쓰여 '…와 닮다'라는 뜻으로 쓰였다. '好像 hǎoxiàng'은 '마치 …같다'로 자주 쓰이는 표현이다.

- 好像要下雨了。 마치 비가 내릴 거 같다.
  Hǎoxiàng yào xià yǔ le.
- 好像在哪儿见过他。 어디선가 그를 만났던 것 같다.
  Hǎoxiàng zài nǎr jiànguo tā.

■ 听说 tīngshuō

'听说'는 '남의 말을 듣다'라는 뜻에서 전해들은 것을 근거로 얘기할 때 사용하는 표현이다. 비슷한 표현에 '听人说 tīng rén shuō', '听见说 tīng jiàn shuō'가 있다.

- 听说他到中国去了。 들자하니 그는 중국에 갔다고 한다.
  Tīngshuō tā dào Zhōngguó qù le.

- 你听说过SARS吗？ 너는 사스를 들어본 적 있니?
  Nǐ tīngshuōguo SARS ma?

■ 小孩子都被叫做小皇帝。 Xiǎoháizi dōu bèi jiàozuò xiǎo huángdì.

이 문장은 전치사 '被'가 사용된 피동문 형식이다. '被'의 역할은 피동문에서 동작을 행하는 주체가 무엇인지를 표시하는 것인데, 이 때 동사 앞에 쓰여 피동을 나타내고 행위자는 생략되기도 한다. 위 문장은 행위자를 일반적인 사람으로 보고 생략된 것이다. 피동문의 동사 뒤에는 '了'나 보어 등의 기타성분이 따라 온다.

[피동의 주어 + 被 + (행위자) + 동사 + 기타 성분]

- 我被他打了。 나는 그에게 맞았다.
  Wǒ bèi tā dǎ le.

여기서 '被'가 사용된 피동문 형식과 '把'가 사용된 목적어 전치 문형이 서로 전환이 가능함을 알 수 있다.

[주어 + 把 + 목적어 + 동사 + 기타 성분]

- 他把我打了。 그는 나를 때렸다.
  Tā bǎ wǒ dǎ le.

이 두 문장이 전달하는 상황은 동일한 것이며, 단지 주어가 피동의 주어, 능동의 주어인 차이점만 있을 뿐이다. 중국어에서 이 두 문형은 특수한 문형에 속한다.
'被' 외에 피동문에 사용되는 전치사로 '叫', '让', '给'가 있다. '叫'와 '让'을 쓰면 행위자가 반드시 나타나고, '给'는 '被'와 마찬가지로 행위자를 생략할 수 있다.

- 我的自行车让小王骑走了。 내 자전거는 샤오왕이 타고 가버렸다.
  Wǒ de zìxíngchē ràng xiǎo Wáng qí zǒu le.

09 이것은 우리 집의 가족 사진입니다.

문법 포인트 여러 가지 부사

[여러 가지 부사]

(1) 정도를 나타내는 부사

- 很 hěn 아주

    天气很好。　Tiānqì hěn hǎo.　날씨가 아주 좋습니다

- 太 tài 매우, 너무

    不太忙。　Bú tài máng.　별로 바쁘지 않습니다.

- 最 zuì 가장

    我最喜欢他。　Wǒ zuì xǐhuan tā.　나는 그를 가장 좋아한다.

- 真 zhēn 정말

    她真好看。　Tā zhēn hǎokàn.　그녀는 정말 예쁩니다.

(2) 범위를 나타내는 부사

- 都 dōu 모두

    我们都是韩国人。　Wǒmen dōu shì Hánguórén.　우리는 모두 한국인입니다.

- 就 jiù 바로

    就要这个。　Jiù yào zhège.　바로 이것을 원합니다.

- 只是 zhǐshì 다만

    我只是喜欢看。　Wǒ zhǐshì xǐhuan tā.　나는 다만 보는 것을 좋아합니다.

(3) 중복·병렬·빈도를 나타내는 부사

- 又 yòu 또

    又想去旅行。　Yòu xiǎng qù lǚxíng.　또 여행을 가고 싶습니다.

- 再 zài 다시, 더

    不再买什么了。　Bú zài mǎi shénme le.　더 뭔가를 사지 않겠습니다.

Zhè shì wǒmen jiā de quánjiāfú.

여러 가지 부사

- 也 yě …도, 역시

  学校也不很远。　Xuéxiào yě bù hěn yuǎn.　학교도 별로 멀지 않습니다.

- 还 hái 또, 게다가

  您还买什么？　Nín hái mǎi shénme?　당신은 또 무엇을 삽니까?

(4) 시간을 나타내는 부사

- 已经 yǐjing 이미

  我已经看了。　Wǒ yǐjing kàn le.　나는 이미 보았습니다.

- 刚 gāng 방금

  我刚开始运动。　Wǒ gāng kāishǐ yùndòng.　나는 방금 운동을 시작했습니다.

- 还 hái 아직, 여전히

  我还没去。　Wǒ hái méi qù.　나는 아직 안 갔습니다.

- 先 xiān 먼저, 우선

  先下车后上车。　Xiān xià chē hòu shàng chē.　먼저 차에서 내린 후 차에 오릅니다.

- 在 zài, 正 zhèng, 正在 zhèngzài 막, 한참(진행 중)

  正在看报。　Zhèngzài kàn bào.　막 신문을 보고 있습니다.

(5) 부정을 나타내는 부사

- 不 bù …이 아니다

  不太远。　Bú tài yuǎn.　별로 멀지 않습니다.

- 没(有) méi(yǒu) …하지 않았다.

  他还没来。　Tā hái méi lái.　그는 아직 오지 않았다.

09 평가하기

1 다음 빈칸에 한어병음과 한자, 한글해석을 써 봅시다.

① 全家福 　[　　] 　가족 사진
② 猜 　cāi 　[　　]
③ 赚 　zhuàn 　[　　]
④ 许多 　[　　] 　많은
⑤ [　　] 　jiātíng 　가정
⑥ [　　] 　huángdì 　황제

2 빈칸에 알맞은 한자를 찾아 써 봅시다.

> 口　一　起来　只

① 你猜 [　] 猜。
② 看 [　] 很年轻。
③ 你家有几 [　] 人?
④ 中国许多家庭都 [　] 有一个孩子。

정답
1. ① quánjiāfú　② 추측하다　③ 돈 벌다　④ xǔduō　⑤ 家庭　⑥ 皇帝
2. ① 一　② 起来　③ 口　④ 只

3 표시된 한자의 의미에 유의하면서 해석을 해 봅시다.

① 这是我们家的全家福。

② 他是你哥哥吧?

③ 一共有五口人。

④ 中国的小孩子都被叫做小皇帝。

4 다음 우리말을 주어진 단어를 이용하여 중국어로 바꿔 보자.

① 그는 나보다 다섯 살 많다.　　　比

② 들자하니 그는 중국에 갔다고 한다.　　听说

③ 어디선가 그를 만났던 것 같다.　　好像

정답
3. ① 이건 우리 집 가족사진이야.　② 그 사람 네 형인 것 같은데?
　③ 모두 다섯 식구야.　④ 중국의 어린 아이들은 모두 소황제로 불린다던데.
4. ① 他比我大五岁。　② 听说他到中国去了。　③ 好像在哪儿见过他。

09 어휘 플러스

사람의 생김새 표현

(키가) 작다 矮 ǎi
크다 高 gāo

예쁘다 漂亮 piàoliang

(남자가) 멋있다 帅 shuài

귀엽다 可爱 kěài

날씬하다 苗条 miáotiáo

뚱뚱하다 胖 pàng

마르다 瘦 shòu

둥근 얼굴 圆脸 yuán liǎn

네모난 얼굴 方脸 fāng liǎn

갸름한 얼굴 瓜子脸 guāzi liǎn

키 个子 gèzi
피부 皮肤 pífū
긴 얼굴 长脸 cháng liǎn

보조개 笑窝儿 xiàowōr
(남자가) 준수하다 英俊 yīngjùn

중국의 명절(节日)

중국의 전통 명절은 음력에 따라 치르는데 종류가 다양하다. 한국의 설날에 해당하는 춘절(春节 Chūn Jié)은 중국 최대의 명절로 3일간의 연휴가 있고, 농촌의 경우는 10일 이상을 쉬기도 한다. 헤어진 가족들이 모두 모이는 날이므로 전국에서 귀성인파로 교통난이 일어난다. 춘절 바로 전날인 섣달그믐부터 폭죽을 터뜨리며 놀고, 음식을 먹으며 잠을 자지 않고 밤샘을 한다. 춘절 아침에는 축하 인사와 세배를 한다. 이후 거의 한 달 동안 계속되는 기간 중에 사자춤과 용춤이 등장한다.

복을 기원하며 '福'자를 거꾸로 붙인 대문

명절에 행해지는 사자춤

정월대보름날인 원소절(元宵节 Yuánxiāo Jié) 때는 보름달을 감상하고 등불놀이를 하며 만두국을 즐겨 먹는다. 단오절(端午节 Duānwǔ Jié)에는 배를 타고 경주하는 룽촨(龙船 lóngchuán) 경기를 하고, 쭝쯔(宗子 zòngzi)라는 별식을 먹는다. 우리의 추석에 해당하는 중추절(中秋节 Zhōngqiū Jié)에는 가족들이 모여 앉아 햇곡식으로 먹을 것을 장만하여 추수를 감사하는 달맞이 행사를 한다. 이때 가장 즐겨 먹는 것이 월병(月饼 yuèbǐng)인데 가까운 친척이나 친구를 방문할 때에는 꼭 이 월병을 선물한다. 그밖에 중국 사람들이 중요시하는 전통 명절로는 양력 4월 5일 전후의 성묘일인 청명절, 음력 7월 7일의 칠석, 음력 9월 9일의 중양절 등이 있다.

10 祝你生日快乐!

두번보기

생일 축하합니다!
Zhù nǐ shēngrì kuàilè!

기본회화 ① 생일 축하합니다.

A 今天几号, 星期几?
Jīntiān jǐ hào, xīngqī jǐ?

B 今天是四月六号, 星期六。
Jīntiān shì sì yuè liù hào, xīngqīliù.

A 那你的生日是什么时候?
Nà nǐ de shēngrì shì shénme shíhou?

B 我的生日是后天, 下星期一。
Wǒ de shēngrì shì hòutiān, xià xīngqīyī.

你有空的话, 来我家玩儿, 好吗?
Nǐ yǒu kòng de huà, lái wǒ jiā wánr, hǎo ma?

A 好。 我几点去比较好呢?
Hǎo. Wǒ jǐ diǎn qù bǐjiào hǎo ne?

B 下午五点左右。 崔同学也会来。
Xiàwǔ wǔ diǎn zuǒyòu. Cuī tóngxué yě huì lái.

Zhù nǐ shēngrì kuàilè! 10

A 祝你生日快乐!
Zhù nǐ shēngrì kuàilè!

B 谢谢。
Xièxie.

A_ 오늘이 며칠, 무슨 요일이지?
B_ 오늘은 4월 6일이고, 토요일이야.
A_ 그럼 네 생일은 언제니?
B_ 내 생일은 모레고 다음 주 월요일이야.
　　시간 있으면 우리 집에 놀러 와, 어때?
A_ 좋아, 내가 몇 시에 가면 좋겠니?
B_ 오후 5시 쯤에. 최동학도 올 거야.
A_ 생일 축하해!
B_ 고마워.

 生词

后天　hòutiān　모레　　　　左右　zuǒyòu　정도, 쯤
祝　　zhù　빌다, 바라다　　　快乐　kuàilè　즐겁다, 유쾌하다

119

01 표현 다지기

- **今天几号?** Jīntiān jǐ hào?

날짜를 묻는 질문이다. 이 문장은 두 개의 명사, '今天'과 '几号'가 하나의 문장을 이루고 있다. 이처럼 명사나 명사구가 술어로 쓰여 날짜, 출신, 나이, 시간 등을 나타내는 문장을 명사술어문이라고 한다. 이 때 술어 자리에 동사 '是'를 넣어도 뜻은 변하지 않으며, 이러한 '是'의 경우 약하게 읽는다.

- 明天(是)星期几? 　　내일은 무슨 요일입니까?
  Míngtiān (shì) xīngqī jǐ?
- 这孩子(是)大眼睛。 이 아이는 눈이 크다.
  Zhè háizi (shì) dà yǎnjing.

명사 술어문을 부정할 때에는 반드시 동사 '是'를 써서 '…不是~'의 형태로 써야 한다.

- 今天不是四月六号。　오늘은 4월 6일이 아니다.
  Jīntiān búshì sì yuè liù hào.

- **那你的生日是什么时候?** Nà nǐ de shēngrì shì shénme shíhou?

'那'는 대명사로 쓰이면 '저것, 그것'으로 말하는 사람으로부터 떨어진 곳에 있는 사람, 사물을 가리키는 용법이 있다. 또 '那'에는 접속사 용법이 있는데 앞 말에 이어서 '그러면, 그렇다면'의 뜻을 가진다. 접속사일 때 '那么'로 표현해도 된다.

- 那我不去了。　　　　그렇다면 안 가겠다.
  Nà wǒ bú qù le.
- 那就好好儿干吧。　　그러면 잘 해 보자구.
  Nà jiù hǎohāor gàn ba.
- 那可就没问题了。　　그렇다면 문제는 없어졌다.
  Nà kě jiù méi wèntí le.
- 那我们就不再等了。　그렇다면 우리는 더 이상 기다리지 않겠다.
  Nà wǒmen jiù bú zài děng le.

- **…, 好吗?** hǎo ma?

이 표현은 '…하는 게 어때?'라는 의미로, 상대방에게 제안을 할 때 자주 쓰이는 표현이다. 동의할 경우에는 '好'라고 대답한다.

A: 星期天去公园玩儿, 好吗? 일요일에 공원에 가서 노는 게 어때?
　　Xīngqītiān qù gōngyuán wánr, hǎo ma?

B: 好。 좋아.
　　Hǎo.

■ 左右　zuǒyòu

'左右'는 공간적으로 '왼편과 오른편'을 나타내기도 하지만, 어떤 수치를 어림잡아 말할 때에도 쓰인다. 우리말로는 '가량, 안팎, 쯤, 내외' 등으로 해석된다.

- 下午三点左右。 오후 3시 쯤
  Xiàwǔ sān diǎn zuǒyòu.

- 身高一米七左右。 키가 1미터 70 정도이다.
  Shēngāo yī mǐ qī zuǒyòu.

- 年纪在四十左右。 나이가 마흔 내외이다.
  Niánjì zài sìshí zuǒyòu.

'左'와 '右'가 분리되어 '左…, 右…'로 쓰이면 같은 행위가 반복됨을 강조하는 의미가 있다.

- 左一次右一次。 또 한 번 또 한 번 하고, 몇 번이나
  Zuǒ yí cì yòu yí cì.

- 左说不听, 右说也不听。 이래도 저래도 말을 듣지 않는다.
  Zuǒ shuō bù tīng, yòu shuō yě bù tīng.

■ 祝你生日快乐！　Zhù nǐ shēngrì kuàilè!

생일을 축하하는 표현이다, 이 때 '祝'는 '生日快乐(유쾌한 생일)'을 바란다의 뜻이며 자체로 '축하하다'라는 뜻은 아니다. '축하하다'에 해당하는 동사로는 '祝贺 zhùhè', '恭喜 gōngxǐ'와 같은 표현을 쓴다. '祝你…' 뒤에는 여러 가지 기원의 말이 올 수 있다.

- 祝你身体健康。 건강하세요.
  Zhù nǐ shēntǐ jiànkāng.

- 祝你新年快乐。 새해 복 많이 받으세요.
  Zhù nǐ xīnnián kuàilè.

- 祝你找个好工作。 좋은 직장 찾기를 바랍니다.
  Zhù nǐ zhǎo ge hǎo gōngzuò.

10 생일 축하합니다!

기본회화 2 북경에 언제 오셨어요?

A 你是什么时候到北京的？
Nǐ shì shénme shíhou dào Běijīng de?

B 我是昨天晚上九点到的。
Wǒ shì zuótiān wǎnshang jiǔ diǎn dào de.

A 你累不累？
Nǐ lèi bu lèi?

B 不太累。北京最有名的是什么？
Bú tài lèi. Běijīng zuì yǒumíng de shì shénme?

A 北京是历史古都，名胜古迹很多。
Běijīng shì lìshǐ gǔdū, míngshèng gǔjì hěn duō.

B 对了，北京奥运会哪年举行？
Duì le, Běijīng Àoyùnhuì nǎ nián jǔxíng?

A 2008年举行。
Èr líng líng bā nián jǔxíng.

B 离今年还有两年。
Lí jīnnián hái yǒu liǎng nián.

Zhù nǐ shēngrì kuàilè! 10

A_ 너 언제 북경에 왔어?

B_ 나 어제 저녁 9시에 도착했어.

A_ 너 피곤하니?

B_ 별로 안 피곤해. 북경에서 제일 유명한 게 뭐니?

A_ 북경은 역사 도시야, 명승고적이 아주 많지.

B_ 참, 북경 올림픽이 몇 년에 열리지?

A_ 2008년에 열려.

B_ 올해에서 2년 남았구나.

 生词

累 lèi 피곤하다
古都 gǔdū 고도, 옛 수도
奥运会 Àoyùnhuì 올림픽

历史 lìshǐ 역사
名胜古迹 míngshèng gǔjì 명승고적
举行 jǔxíng 거행하다

10 생일 축하합니다!

02 표현 다지기

■ **你是什么时候到北京的？** Nǐ shì shénme shíhou dào Běijīng de?

'是…的' 문형은 주로 이미 발생한 동작의 시간, 장소 혹은 방법 등을 강조할 때 쓰인다. '是'는 강조하고자 하는 성분 앞에 오고 '的'는 일반적으로 문장 끝에 온다. '是'는 생략할 수 있으나 '的'는 생략할 수 없다.

- 我是上个月来的。 나는 지난 달에 왔다.
  Wǒ shì shàng ge yuè lái de.
- 我是走来的。 나는 걸어 왔다.
  Wǒ shì zǒu lái de.
- 你在哪儿买的？ 너는 어디서 샀니.
  Nǐ zài nǎr mǎi de?
- 我是在中国认识他的。 나는 중국에서 그를 알게 되었다.
  Wǒ shì zài Zhōngguó rènshi tā de.

동사의 목적어가 있는 경우 '的'가 목적어 앞에 올 수 있다.

- 你是在哪儿学习汉语的？
  Nǐ shì zài nǎr xuéxí Hànyǔ de?
  =你是在哪儿学习的汉语？ 너는 어디에서 중국어를 배웠니?
  Nǐ shì zài nǎr xuéxí de Hànyǔ?

'是…的' 문형의 부정형식은 '是' 앞에 '不'를 붙인다. 이때 '是'는 생략할 수 없다.

- 我不是上个月来的。 나는 지난 달에 오지 않았다.
  Wǒ búshì shàng ge yuè lái de.
- 我不是在北京学的汉语。 나는 북경에서 중국어를 배우지 않았다.
  Wǒ búshì zài Běijīng xué de Hànyǔ.

Zhù nǐ shēngrì kuàilè! 10

■ **北京奥运会哪年举行？** Běijīng Àoyùnhuì nǎ nián jǔxíng?

'奥运会'는 '奥林匹克运动会 Àolínpǐkè yùndònghuì'의 줄임말이다. '奥林匹克'는 올림픽의 음역어이다. '哪年'은 '몇 년'에 해당하는 의문 표현이다. 연도를 읽을 때는 각각의 숫자만 읽으면 된다. 예를 들어 1988년은 '一九八八年 yī jiǔ bā bā nián'으로 읽는다.

- 二〇〇二年世界杯足球比赛在韩国举行的。
  Èr líng líng èr nián Shìjièbēi Zúqiú Bǐsài zài Hánguó jǔxíng de.
  2002년 월드컵 축구 경기는 한국에서 개최되었다.

■ **离今年还有两年。** Lí jīnnián háiyǒu liǎng nián.

'离'는 공간상의 기점을 나타낼 뿐만 아니라 어떤 시간이나 상황을 기점으로 할 때도 쓰인다.

- 离上课还有十分种。 수업 시작까지 아직 10분 남았다.
  Lí shàng kè hái yǒu shí fēn zhōng.

- 离上班还有半个小时呢。 출근까지 30분 남았다.
  Lí shàng bān hái yǒu bàn ge xiǎoshí ne.

- 离说得好还远呢, 我只会说一点儿。
  Lí shuō de hǎo hái yuǎn ne, wǒ zhǐ huì shuō yìdiǎnr.
  말을 잘 하기까지는 아직 멀었고, 난 그저 조금만 말할 줄 안다.

문법 포인트 전치사 용법

[전치사 용법]

(1) 시간·장소

- 从 cóng …부터

  从去年开始学汉语。 작년부터 중국어를 배우기 시작했다.
  Cóng qùnián kāishǐ xué Hànyǔ.

- 到 dào …까지

  从五月一号到五号放。 5월 1일부터 5일까지 휴가이다.
  Cóng wǔ yuè yī hào dào wǔ hào fàng.

- 在 zài …에, 에서

  在上午九点开始。 오전 9시에 시작한다.
  Zài shàngwǔ jiǔ diǎn kāishǐ.

(2) 대상

- 和 hé …과

  你和朋友怎么联系? 너와 친구는 어떻게 연락하니?
  Nǐ hé péngyou zěnme liánxì?

- 跟 gēn …과

  我跟你兴趣一样。 나와 너는 취미가 같다.
  Wǒ gēn nǐ xìngqù yíyàng.

- 对 duì …에 대해

  对中国文化感兴趣。 중국문화에 대해 흥미를 느낀다.
  Duì Zhōngguó wénhuà gǎn xìngqù.

- 比 bǐ …보다

  比以前多了。 이전보다 많아졌다.
  Bǐ yǐqián duō le.

Zhù nǐ shēngrì kuàilè! 10

전치사 용법

- 把 bǎ …을

    他把一封信寄给我了。   그는 편지 한 통을 나에게 부쳤다.
    Tā bǎ yì fēng xìn jì gěi wǒ le.

- 叫 jiào …으로 하여금

    叫您麻烦了。   당신에게 폐를 끼쳤습니다.
    Jiào nín máfan le.

- 用 yòng …으로

    用中文说话。   중국어로 이야기하다.
    Yòng Zhōngwén shuō huà.

- 给 gěi …에게

    我给爸爸介绍我的朋友。   나는 아버지께 내 친구를 소개했다.
    Wǒ gěi bàba jièshào wǒ de péngyou.

(3) 원인 · 목적

- 为 wèi …때문에

    为什么？   무엇 때문에?
    Wèi shénme?

- 为了 wèile …을 위하여

    我为了他做这件事。   나는 그를 위해 이 일을 했다.
    Wǒ wèile tā zuò zhè jiàn shì.

10 평가하기

1 다음 빈칸에 한어병음과 한자, 한글해석을 써 봅시다.

① 祝　　　zhù　　　[　　　]
② [　　　]　kuàilè　즐겁다, 유쾌하다
③ [　　　]　lìshǐ　　역사
④ 古都　　[　　　]　고도, 옛 수도
⑤ 奥运会　àoyùnhuì　[　　　]
⑥ 举行　　[　　　]　거행하다

2 빈칸에 알맞은 한자를 찾아 써 봅시다.

哪　祝　离　什么

① 你的生日是 [　] 时候？
② [　] 你生日快乐！
③ 北京奥运会 [　] 年举行？
④ [　] 今年还有两年。

1. ① 빌다, 바라다　② 快乐　③ 历史　④ gǔdū　⑤ 올림픽　⑥ jǔxíng
2. ① 什么　② 祝　③ 哪　④ 离

3 표시된 한자의 의미에 유의하면서 해석을 해 봅시다.

① 下午五点左右。

② 崔同学也会来。

③ 我是昨天晚上九点到的。

④ 北京最有名的是什么？

4 다음 우리말을 주어진 단어를 이용하여 중국어로 바꿔 보자.

① 건강하시길 바랍니다.　　　　祝

② 그는 나이가 마흔 내외이다.　　左右

③ 수업 시작까지 아직 10분 남았다.　　离

 정답

3. ① 오후 5시 쯤　　　　② 최동학도 올 거야.
   ③ 나는 어제 저녁 9시에 왔어.　　④ 북경에서 제일 유명한 게 뭐니?
4. ① 祝你身体健康。　② 他年纪在四十左右。　③ 离上课还有十分钟。

10 어휘 플러스

생일 관련 어휘

빨갛게 물들인 계란 **红皮鸡蛋** hóngpíjīdàn
칠순 생신 **七十大寿** qīshídàshòu
복숭아 만두(전통 생일음식) **寿桃** shòutáo
장수면 **长寿面** chángshòumiàn

황산(黄山)

황산(黄山 Huángshān)은 중국에서 가장 아름다운 산 가운데 하나이다.

중국 10대 관광지 중 하나로 꼽히는 황산은 화중지방 안휘성 남쪽에 위치, 면적은 약 154㎢로 주위가 120km에 이르며 4개 현에 걸쳐 있는 산들을 합치면 72봉이나 된다. 인간선경(人間仙境)이라 불리는 명승지로, 기송(奇松)·기암(奇岩)·운해(雲海)·온천(溫泉)은 황산사절(黄山四絕)로 표현된다. 이 황산의 아름다움에 대해서는 수많은 시인들이 찬미했는데, 명나라 때의 지리학자이며 여행가였던 서하객(徐霞客)은 30년에 걸쳐서 중국의 산하를 두루 여행한 후에 "오악(五岳)을 보고 돌아온 사람은 평범한 산은 눈에 들어오지 않는다. 그러나 황산을 보고 돌아온 사람은 그 오악도 눈에 차지 않는다."는 말로 황산을 극찬했다.

황산은 전설에 중국 선조 헌원 황제가 연단을 만들어 먹고 온천욕을 한 후 신선이 됐다는 곳으로 알려져 있다. 그만큼 수많은 봉들이 수려하고 아름다우며 72개 봉우리 중 연화봉, 광명봉, 천도봉 등 3대 주봉이 해발 1800m 이상에 자리하고 있다. 황산은 태산(泰山)의 웅장함, 형산(衡山)의 연운, 여산(廬山)의 폭포, 아미산(峨嵋山)의 수려함과 화산(華山)의 험준함을 한 몸에 지니고 있다.

관광객들을 위하여 4만 개에 이르는 돌계단이 설치되어 있고 남쪽 기슭의 탕커우(汤口 Tāngkǒu)에는 연중 내내 온천이 뿜어져 나온다. 1990년 유네스코(UNESCO)에서 세계문화유산과 자연유산으로 지정하였다.

11 두 번 보기

你吃饭了吗?

식사하셨습니까?
Nǐ chī fàn le ma?

기본회화 식사하셨어요?

A 你吃饭了吗?
Nǐ chī fàn le ma?

B 我还没吃呢。
Wǒ hái méi chī ne.

A 你想吃什么?
Nǐ xiǎng chī shénme?

B 我什么都可以。
Wǒ shénme dōu kěyǐ.

A_ 당신은 식사하셨습니까?
B_ 저는 아직 안 먹었습니다.
A_ 당신을 무얼 드시고 싶습니까?
B_ 저는 뭐든 다 좋습니다.

01 표현 다지기

■ **吃饭了吗?**   Chī fàn le ma?

'了'는 완료태와 사태 변화를 겸하여 나타낸다. 즉 '밥을 먹었다'는 동작의 완성과 '밥을 먹어서 배가 부른 상태가 되었다'라는 사태의 변화를 동시에 나타내는 경우이다. 흔히 완료태의 경우를 '了1'이라 하고, 사태의 변화를 '了2'라고 명명하는데, 이 문장에서는 '了1'이 생략되고 '了2'에 완료의 의미까지 겸해졌다고 보면 된다. '了1'이 생략되는 조건은 목적어가 아주 간단할 때이다.
완료태의 문장에서 의문 조사 '吗'는 '没有'로 대체될 수 있다.

- 他做作业了没有?   그는 숙제를 했니?
  Tā zuò zuòyè le méiyǒu?

■ **我还没吃呢。**   Wǒ hái méi chī ne.

'没吃'은 '吃了'의 부정 형태이다. 즉 완료태로 쓰인 동사는 '没(有)'로 부정한다. 이 앞에 '还'가 더해지면 '아직 …않았다'가 되어, 머지않아 그 일을 하려 함을 나타낸다.

- 我还没做呢。   난 아직 안 했어.
  Wǒ hái méi zuò ne.
- 你还没有走吗?   너 아직 안 갔니?
  Nǐ hái méiyǒu zǒu ma?

 生词

吃 chī 먹다   饭 fàn 밥

11 식사하셨습니까?

기본 회화 ❷ 당신이 주문하세요

A 你来点菜, 怎么样?
Nǐ lái diǎn cài, zěnmeyàng?

B 我是外行, 还是你来吧。
Wǒ shì wàiháng, háishì nǐ lái ba.

A 你吃过北京烤鸭吗?
Nǐ chīguo Běijīng kǎoyā ma?

B 还没吃过。 我们试试看吧。
Hái méi chīguo. Wǒmen shìshi kàn ba.

A_ 당신이 주문하시죠, 어때요?

B_ 저는 잘 모르니까 아무래도 당신이 하세요.

A_ 당신 북경 오리구이를 먹어본 적 있나요?

B_ 아직 안 먹어보았습니다. 우리 한번 먹어보죠.

02 표현 다지기

■ 外行 wàiháng

'外行'은 '문외한, 비전문가'의 뜻을 가진다. 여기서 '行'은 '직업, 업무'의 뜻을 가지며, 발음은 'háng'으로 '银行'의 '行'과 같다. '内行 nèiháng'은, '전문가'의 뜻이 되고, '同行 tóngháng'은 '같은 업종 종사자'라는 뜻이 된다.

■ 还是你来吧。 Háishì nǐ lái ba.

'还是'는 비교를 행한 이후의 선택을 나타낸다. 우리말로는 '그래도, 역시'에 해당한다. 이 문장에서 '来'는 대동사 용법으로 '点(주문하다)'을 대신한 것이다.

- 还是星期天去好。 그래도 일요일에 가는 것이 좋습니다.
  Háishì xīngqītiān qù hǎo.

■ 你吃过北京烤鸭吗? Nǐ chīguo Běijīng kǎoyā ma?

'过'는 과거의 경험을 강조하는 경험태 조사로서, '…한 적이 있다'로 해석된다. 동사의 뒤에 연결되며 발음은 경성으로 한다. 경험태의 부정은 '没(有)+동사+过' 형식이 된다.

- 我看过你。 나는 너를 본 적이 있다.
  Wǒ kànguo nǐ.
- 我没去过中国。 나는 중국에 가 본 적이 없다.
  Wǒ méi qùguo Zhōngguó.

生词

点 diǎn 주문하다	菜 cài 요리	外行 wàiháng 문외한
过 guo …한 적이 있다	烤鸭 kǎoyā 오리구이	试 shì 시도하다

11 식사하셨습니까?

기본회화 ③ 주문하세요.

A 你点菜吧。
Nǐ diǎn cài ba.

B 来一个宫保鸡丁，一个麻婆豆腐和一个红烧牛肉。
Lái yí ge gōngbǎo jīdīng, yí ge mápó dòufu hé hóngshāo niúròu.

A 你吃得了吗？
Nǐ chī de liǎo ma?

B 吃不了的话，兜着走。
Chī bu liǎo de huà, dōuzhe zǒu.

Nǐ diǎn cài ba.

A _ 네가 주문하렴.
B _ 닭고기 볶음 하나, 마파두부 하나, 쇠고기 조림 하나 주세요.
A _ 너 다 먹을 수 있니?
B _ 다 못 먹으면 싸 가지고 가지.

03 표현 다지기

■ 吃得了 chī de liǎo

동사의 뒤에 나오는 조사 '得'는 정도 보어나 가능 보어를 연결하는 역할을 한다. '동사+得+了'에서 '了'는 목적 달성을 나타내는 가능 보어이다. '吃得了'는 '그 양을 다 먹을 수 있다'의 뜻을 나타낸다. 부정형은 '得' 대신에 '不'를 쓴 '吃不了'로 '다 먹을 수 없다'를 뜻한다. 가능 보어의 긍정형은 주로 의문문에 사용되며 부정형은 서술문에 사용된다.

- 这件事你做得了吗? 이 일을 네가 할 수 있니?
  Zhè jiàn shì nǐ zuòdeliǎo ma?

- 天晚了，我去不了了。 시간이 늦어서 갈 수 없습니다.
  Tiānwán le, wǒ qùbuliǎo le.

■ 兜着走 dōuzhe zǒu

'着'는 동사의 뒤에 붙어 지속을 나타내는 조사이다. '兜着'는 뒤에 나오는 동작 '走'의 방식이 된다.

- 你等着吧。 너 기다리고 있어라.
  Nǐ děngzhe ba.

- 走着去。 걸어서 가라.
  Zǒuzhe qù.

生词

宫保鸡丁	gōngbǎo jīdīng 닭고기 볶음	麻婆豆腐	mápó dòufu 마파두부
红烧牛肉	hóngshāo niúròu 쇠고기 조림	兜	dōu 싸다, 품 안에 넣다
着	zhe 조사(지속태)		

문법 포인트 '了'의 용법

[了의 용법]

'了'는 완료를 표현하는 了1과 어기를 표현하는 了2가 있다.

(1) 了1

동작이 처해있는 상태를 표현한다. 즉, 과거·현재·미래의 시점에서 이미 실현되어 있음을 강조할 때 쓰인다.

① 동작이 실현된 시점

去年去了中国。   작년에 중국에 갔다.
Qùnián qùle Zhōngguó.

② 동작이 행해진 시간·횟수

在北京住了十年。   북경에서 십년을 살았다.
Zài Běijīng zhùle shínián.

③ 목적어의 양을 나타내는 한정어의 수반

昨天下了很大的雨。   어제 아주 큰 비가 내렸다.
Zuótiān xiàle hěn dà de yǔ.

④ 하나의 동작이 이루어진 후 별도의 동작이나 일이 연속해서 발생

明天你下了课就来吧。   내일 너는 수업을 마치고 바로 오너라.
Míngtiān nǐ xiàle kè jiù lái ba.

(2) 了2

문장의 끝에 놓이며 사태의 변화에 대한 확인·감탄·과장·의지·명령·금지의 어감을 표현한다.

① 상황의 변화

春天了。   봄이 되었다.
Chūntiān le.

② 성질·상태의 변화

天热了。   날이 더워졌다.
Tiān rè le.

Nǐ chī fàn le ma? 11

'了'의 용법

③ 관계의 변화

他现在是大学生了。　　그는 이제 대학생이 되었다.
Tā xiànzài shì dàxuéshēng le.

④ 사태의 변화

还有两个星期了。　　아직 2주일 남았다.
Hái yǒu liǎng ge xīngqī le.

[중국어의 파음자]

중국어에서 일부의 한자가 여러 가지 음으로 읽히는데 이를 '파음자' 혹은 '다음자'라고 한다. 파음자 중의 대부분은 사용되는 의미에 따라 발음이 달라진다. 상용되는 파음자를 숙지하여서 틀리게 읽지 않도록 주의해야 한다.

- 行
  - ① xíng 괜찮다, 행하다   不行 bù xíng   안 된다
  - ② háng 가게   银行 yínháng   은행

- 长
  - ① cháng 길다   长城 Chángchéng (만리)장성
  - ② zhǎng 자라다   张大 zhǎngdà   자라다, 크다

- 乐
  - ① lè 즐겁다   快乐 kuàilè   즐겁다, 유쾌하다
  - ② yuè 음악   音乐 yīnyuè   음악

- 还
  - ① hái 아직, 또한, 그런대로   还是 háishì   아직도, 여전히
  - ② huán 돌려주다, 반환하다   还给 huán gěi   …에게 돌려주다

11 평가하기

1 다음 빈칸에 한어병음과 한자, 한글해석을 써 봅시다.

① ☐ diǎn 주문하다
② 菜 ☐ 요리
③ ☐ wàiháng 문외한
④ 试 ☐ 시도하다
⑤ 兜 dōu ☐
⑥ 吃 chī ☐

2 빈칸에 알맞은 한자를 찾아 써 봅시다.

| 都   来   还是   了 |

① 我什么 ☐ 可以。
② 我是外行, ☐ 你来吧。
③ ☐ 一个宫保鸡丁。
④ 你吃得 ☐ 吗?

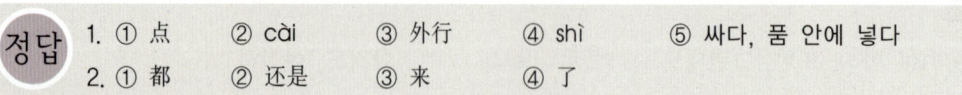

정답
1. ① 点   ② cài   ③ 外行   ④ shì   ⑤ 싸다, 품 안에 넣다   ⑥ 먹다
2. ① 都   ② 还是   ③ 来   ④ 了

140

3 표시된 한자의 의미에 유의하면서 해석을 해 봅시다.

① 你吃饭了吗？

② 你吃过北京烤鸭吗？

③ 我们试试看吧。

④ 吃不了的话，兜着走。

4 다음 우리말을 주어진 단어를 이용하여 중국어로 바꿔 보자.

① 당신은 무얼 드시고 싶습니까?   想

② 네가 주문하렴.   来

③ 나는 중국에 가 본 적이 없어.   过

정답

3. ① 당신은 식사하셨습니까?   ② 당신 북경 오리구이를 먹어본 적 있나요?
   ③ 우리 한 번 시도해 보죠.   ④ 다 못 먹으면 싸 가지고 갑시다.
4. ① 你想吃什么？ ② 你来点菜。   ③ 我没去过中国。

11 어휘 플러스

식탁 위의 사물들

- 잔, 컵 — 杯子 bēizi
- 요리, 반찬 — 菜肴 càiyáo
- 종이 냅킨 — 餐巾纸 cānjīnzhǐ
- 식단, 메뉴 — 菜单 càidān
- 그릇 — 碗子 wǎnzi
- 젓가락 — 筷子 kuàizi
- 숟가락 — 匙子 chízi
- 포크 — 叉子 chāzi
- 칼 — 刀子 dāozi
- (큰) 접시, 쟁반 — 盘子 pánzi
- (작은) 접시 — 蝶子 diézi

早饭 zǎofàn 아침식사　　午饭 wǔfàn 점심식사　　晚饭 wǎnfàn 저녁식사
自助餐 zìzhùcān 뷔페　　便餐 biàncān 간단한 식사　　小吃 xiǎochī 중국식 분식
夜餐 yècān 밤참, 야식　　食谱 shípǔ 요리책　　口渴 kǒukě 목이 마르다
拿手菜 náshǒucài 제일 잘하는 요리
香 xiāng 향기롭다　　苦 kǔ 쓰다　　腥 xīng 비리다
酸 suān 시다　　甜 tián 달다　　咸 xián 짜다
淡 dàn 싱겁다　　炒 chǎo 볶다　　炸 zhá 튀기다
煎 jiān 지지다　　煮 zhǔ 삶다　　蒸 zhēng 찌다

중국 문화 산책

중국의 대표요리

　일반적으로 중국 음식의 특징을 '동쪽 음식은 맵고, 서쪽 음식은 시고, 남쪽 음식은 달고, 북쪽 음식은 짜다'라고 말한다. 지역마다 제각기 두드러진 특색을 가진 중국요리는 크게 산동요리, 강절(강서·절강) 요리, 사천요리, 광동요리로 분류한다.

■ **산동요리(山东料理　Sāndōng liàolǐ)**
　맛이 비교적 짜고 담백하며, 느끼하지 않다. 탕(湯) 종류가 많은 것이 특징이다. 탕추위(糖醋鱼 tángcùyú : 탕수육과 같은 형태로 고기 대신 생선을 사용한 것임)가 유명하다.

■ **사천요리(四川料理　Sìchuān liàolǐ)**
　혀를 얼얼하게 하는 독특한 매운맛이 특징이다. 주재료는 육류이다. 위샹로우쓰(鱼香肉丝 yúxiāng ròusī), 꿍바오지딩(宫保鸡丁 gōngbǎo jīdìng), 간사오위(干烧鱼 gānshāoyú)가 유명하다.

■ **강절요리(江浙料理　Jiāngzhè liào)**
　담백하고 신선하다. 조미료를 많이 쓰지 않는 것이 특징이다. 초어(醋鱼 cùyú)를 재료로 하는 서호추어(西湖丑鱼 xīhú chǒuyú)요리가 유명하다.

■ **광동요리(广东料理　Guǎngdōng liàolǐ)**
　맛이 깔끔하며 약간 달다. 우리에게는 바다제비가 해조물을 물어다가 타액을 발라가며 절벽에 만든 둥지를 채집하여 사용하는 제비집요리 옌워(燕窝 yànwō)가 잘 알려져 있다.

■ **북경요리(北京料理　Běijīng liàolǐ)**
　맛이 비교적 짜다. 베이징카오야(北京烤鸭 Běijīng kǎoyā : 북경오리구이), 쑤안양러우(涮羊肉 shuàn yángròu : 양고기 샤브샤브) 등이 유명하다.

12 喂，请转一下李老师。

이 선생님 바꿔 주십시오.
Wèi, qǐng zhuǎn yíxià Lǐ lǎoshī.

기본회화 ① 여보세요, 이 선생님 바꿔 주십시오.

A 喂，请转一下李老师。
Wèi, qǐng zhuǎn yíxià Lǐ lǎoshī.

B 我就是。 你有什么事？
Wǒ jiù shì.　Nǐ yǒu shénme shì?

A 我是王明。 我感冒了。 我想请个病假。
Wǒ shì Wáng Míng.　Wǒ gǎnmào le.　Wǒ xiǎng qǐng ge bìngjià.

B 好的。 好好儿休息。 多保重吧。
Hǎo de.　Hǎohāor xiūxi.　Duō bǎozhòng ba.

A_ 여보세요, 이 선생님 부탁드립니다.
B_ 난데, 무슨 일 있니?
A_ 저는 왕밍입니다, 감기에 걸려서 병가를 신청하고 싶어요.
B_ 알았어, 푹 쉬고 몸조리 잘 하렴.

Wèi, qǐng zhuǎn yíxià Lǐ xiānsheng.

12

01 표현 다지기

■ **我想请个病假。** Wǒ xiǎng qǐng ge bìng jià.

'请假'는 휴가를 요청할 때 쓰는 말이다. 학생의 경우는 결석할 사유가 발생했을 때, '请假'를 요구한다. 조동사 '想'은 '…하고 싶다'로 바람을 나타내는 뜻으로 쓰인다. '请个病假'에 사용된 '个'는 양사로서 수사 '一'이 생략된 채로 쓰였다. 양사를 넣어서 말하면 '병가 한 번 내겠다'의 뜻이 되며, 좀 더 구어체적인 표현이 된다.

- **我想请婚假。** 제가 결혼 휴가를 내고 싶습니다.
  Wǒ xiǎng qǐng hūnjià.
- **你什么时候放假?** 너는 언제 방학을 하니?
  Nǐ shénme shíhou fàngjià?

■ **好好儿休息, 多保重吧。** Hǎohāor xiūxi, duō bǎozhòng ba.

'好好儿'은 형용사 '好'가 중첩된 것으로 '잘, 충분히'의 의미로 쓰인다. 주의할 점은 발음할 때 2번째 '好'는 1성으로 바꿔 읽는다.
'保重'은 건강에 유의하라는 뜻으로 중첩된 형태 '保重保重!'으로도 많이 쓰인다.

- **大家再好好儿想一想。** 모두 다시 잘 생각 좀 해 보자.
  Dàjiā zài hǎohāor xiǎng yi xiǎng.
- **那边气候跟这儿不同, 你要多保重。**
  Nàbiān qìhòu gēn zhèr bùtóng, nǐ yào duō bǎozhòng.
  그 곳의 기후는 여기와 다르니, 더욱 건강에 유의하십시오.

生词

转 zhuǎn (전화를) 바꾸다	感冒 gǎnmào 감기 걸리다
病假 bìngjià 병가	休息 xiūxi 휴식하다
保重 bǎozhòng 몸조심하다	

145

12 이 선생님 바꿔 주세요.

기본회화 ❷ 거기에서 만나요.

A 林红, 是我。 咱们星期天在哪儿见呢？
Lín Hóng, shì wǒ. Zánmen xīngqītiān zài nǎr jiàn ne?

B 在老地方见面吧。 时间呢？
Zài lǎo dìfang jiàn miàn ba. Shíjiān ne?

A 下午两点怎么样？
Xiàwǔ liǎng diǎn zěnmeyàng?

B 行, 就这样。
Xíng, jiù zhèyàng.

A_ 린홍, 나야. 우리 일요일에 어디서 만나지?

B_ 늘 만나던 곳에서 만나자. 시간은?

A_ 오후 두 시가 어떻니?

B_ 좋아, 그렇게 하자.

02 표현 다지기

■ **咱们星期天在哪儿见呢？** Zánmen xīngqītiān zài nǎr jiàn ne?

'咱们'은 '우리'에 해당하는 대명사인데 '我们'과 약간의 차이가 있다. '咱们'은 '我们'과 비교할 때 대화에서 듣는 사람을 포함한 '우리'를 가리키는 성격이 강하다. '咱们'과 '我们'이 구분되는 예에 해당하는 다음 문장을 보자.

- 我们明天去看电影，你要是没事，咱们一起去。
  Wǒmen míngtiān qù kàn diànyǐng, nǐ yàoshì méi shì, zánmen yìqǐ qù.
  우리들은 내일 영화보러 가는데, 일이 없으면 우리 함께 갑시다.

'咱们'은 북경을 중심으로 한 북쪽 지방의 구어에 널리 쓰이지만, 엄숙한 장소에서는 잘 쓰지 않는다. 때로는 '我们'과 별 구별 없이 쓰이기도 한다.

- 咱们是一家人。 우리들은 한 집안 사람들이다.
  Zánmen shì yì jiā rén.

- 你们是上海人，我们是北京人，咱们都是中国人。
  Nǐmen shì Shànghǎirén, wǒmen shì Běijīngrén, zánmen dōu shì Zhōngguórén.
  너희는 상해 사람이고, 우리는 북경 사람이니, 당신과 우리 모두 중국 사람이다.

■ **在老地方见面吧。** Zài lǎodìfang jiàn miàn ba.

'老'는 형용사 뜻으로 '늙은, 오래된, 원래의'의 의미를 지닌다.

- 我已经老了。 나는 이미 늙었다.
  Wǒ yǐjing lǎo le.

- 他是我的老朋友。 그는 나의 오랜 친구이다.
  Tā shì wǒ de lǎo péngyou.

- 你在老地方等我。 늘 만나던 곳에서 나를 기다려라.
  Nǐ zài lǎo dìfang děng wǒ.

 生词

咱们 zánmen 우리   老地方 lǎo dìfang 늘 가는 곳

12 이 선생님 바꿔 주세요.

기본회화 ③ 대한 항공입니까?

A 是大韩航空公司吗？
Shì Dàhán Hángkōng Gōngsī ma?

B 你打错了，这里是韩亚航空公司。
Nǐ dǎ cuò le, zhèli shì Hányà Hángkōng Gōngsī.

A 对不起，我说错了。 我就是找韩亚航空。
Duì bu qǐ, wǒ shuō cuò le. Wǒ jiù shì zhǎo Hányà Hángkōng.

我想订一张下星期六去上海的机票。
Wǒ xiǎng dìng yì zhāng xià xīngqīliù qù Shànghǎi de jīpiào.

B 好的。
Hǎo de.

A_ 대한 항공입니까?
B_ 전화 잘못 걸었습니다. 여기는 아시아나 항공입니다.
A_ 미안해요, 잘못 말했어요. 제가 아시아나를 찾은 거예요.
　　다음 주 토요일 상해 가는 비행기표를 예약하고 싶은데요.
B_ 네.

148

Wèi, qǐng zhuǎn yíxià Lǐ xiānsheng. **12**

03 표현 다지기

■ **打错了** dǎ cuò le

상대방이 전화를 잘못 걸었을 때 쓸 수 있는 표현이다. '전화를 걸다'의 '打电话'에서 '电话'가 생략되고, '错'가 결과 보어로 온 것이다. '错'는 행위의 결과 잘못된 상황이 발생했을 때 사용되는 결과 보어이다.

- 我听错了他的话。 나는 그의 말을 잘못 들었다.
  Wǒ tīng cuò le tā de huà.
- 我坐错了地铁。 나는 지하철을 잘못 탔다.
  Wǒ zuò cuò le dìtiě.

■ **我想订一张下星期去上海的机票。**
Wǒ xiǎng dìng yì zhāng xià xīngqī qù Shànghǎi de jīpiào.

'机票'를 수식하는 복잡한 구가 '的'로 연결되어 있다. '的'는 관형어의 뒤에 붙는 구조 조사로서 수식과 피수식의 관계임을 나타내는 기능을 한다. 수량사가 명사를 수식할 때는 '的'를 쓰지 않는다.

- 一张机票 yì zhāng jīpiào 비행기 표 한 장
- 下星期六的机票 Xià xīngqīliù de jīpiào 다음 주 토요일의 비행기 표
- 去上海的机票 Qù Shànghǎi de jīpiào 상해 가는 비행기 표

일반적으로 이러한 구를 배열하는 순서는 [수량사 + 시간, 장소 + 제한적 수식어 + 묘사적 수식어] 순이다.

- 三本在书店买来的新书。 서점에서 사온 새 책 세 권
  Sān běn zài shūdiàn mǎi lái de xīnshū.

 生词

大韩航空 Dàhán Hángkōng 대한 항공		韩亚航空 Hányà Hángkōng 아시아나 항공	
订 dìng 예약하다		机票 jīpiào 비행기표	

12   이 선생님 바꿔 주세요.

문법 포인트 가능 보어

[가능 보어]

동사 뒤에 쓰여 동작이 어떤 결과나 상황에 도달할 수 있는가를 나타내는 것을 '가능 보어'라 한다. 가능 보어는 동사와 방향 보어 또는 결과 보어 사이에 '得 de'를 삽입하면 되고 그 부정형은 '得' 대신 '不 bù'를 쓰면 된다.

- 주어+동사+得+보어(+목적어)

  我听得懂你的话。   나는 너의 말을 알아들을 수 있다.
  Wǒ tīng de dǒng nǐ de huà.

  你今天回得来吗？   너는 오늘 돌아올 수 있니?
  Nǐ jīntiān huí de lái ma?

- 주어+동사+不+보어(+목적어)

  我看不懂你的字。   나는 너의 글씨를 알아볼 수 없다.
  Wǒ kàn bu dǒng nǐ de zì.

  我买不到那本书。   나는 그 책을 살 수 었다.
  Wǒ mǎi bu dào nà běn shū.

가능 보어와 정도 보어는 조사 '得'를 사용한다는 점에서 혼동하기 쉬운데 부정문과 의문문 형태를 보면 차이점을 알 수 있다.

- 정도 보어 가능 보어 부정문

  我起得不早。   나는 늦게 일어납니다.
  Wǒ qǐ de bù zǎo.

  我起不早。   나는 일찍 못 일어납니다.
  Wǒ qǐ bù zǎo.

Wèi, qǐng zhuǎn yíxià Lǐ xiānsheng. 12

가능 보어

■ 의문문

你起得早不早? 　당신은 일찍 일어납니까?
Nǐ qǐ de zǎo bu zǎo?

你起得早起不早? 　당신은 일찍 일어날 수 있습니까?
Nǐ qǐ de zǎo qǐ bu zǎo?

12 평가하기

1 다음 빈칸에 한어병음과 한자, 한글해석을 써 봅시다.

① ☐　　　zhuǎn　　　바꾸다
② 感冒　　☐　　　　감기 걸리다
③ 休息　　xiūxi　　　☐
④ ☐　　　bǎozhòng　몸조심하다
⑤ 订　　　☐　　　　예약하다
⑥ 机票　　jīpiào　　　☐

2 빈칸에 알맞은 한자를 찾아 써 봅시다.

```
张   错   请   就
```

① 我想☐个病假。
② 行,☐这样。
③ 对不起,我打☐了。
④ 我想订一☐下星期六去上海的机票。

1. ① 转　② gǎnmào　③ 쉬다　④ 保重　⑤ dìng　⑥ 비행기표
2. ① 请　② 就　③ 错　④ 张

3 표시된 한자의 의미에 유의하면서 해석을 해 봅시다.

① 好好儿休息。 多保重吧。

② 咱们星期天在哪儿见呢？

③ 在老地方见吧。

④ 我听错了他的话。

4 다음 우리말을 주어진 단어를 이용하여 중국어로 바꿔 보자.

① 여보세요, 이 선생님 부탁드립니다.   转一下

② 모두 다시 잘 생각 좀 해 보자.   好好儿

③ 그는 나의 오랜 친구이다.   老

 정답
3. ① 알았어, 푹 쉬고 몸조리 잘 하렴.   ② 우리 일요일에 어디서 만나지?
   ③ 늘 만나던 곳에서 만나자.   ④ 나는 그의 말을 잘못 들었다.
4. ① 喂, 请转一下李老师。   ② 大家再好好儿想一想。   ③ 他是我的老朋友。

12 어휘 플러스

컴퓨터 용어

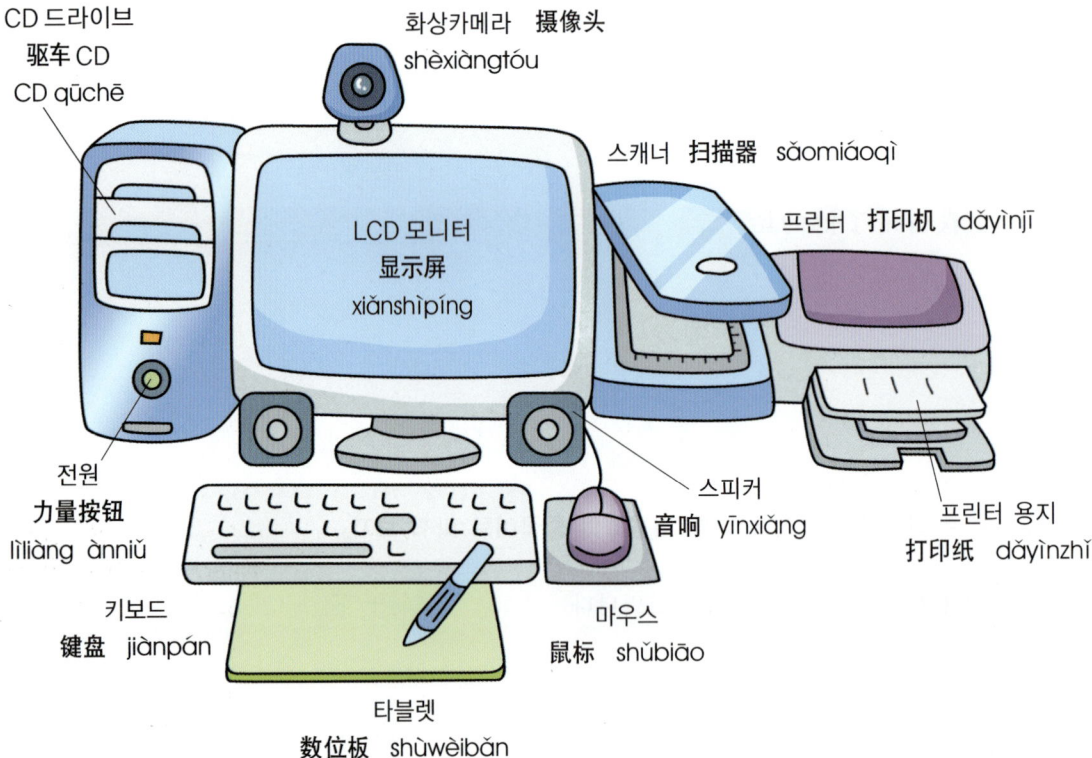

노트북 컴퓨터 **笔记本电脑** bǐjìběndiànnǎo
인터넷 주소 **网址** wǎngzhǐ
다운되다 **死机** sǐjī
로그인하다 **登录** dēnglù
소프트웨어 **软件** ruǎnjiàn
인터넷 상점 **网上商店** wǎngshàng shāngdiàn
컴퓨터 바이러스 **电脑病毒** diànnǎo bìngdú

인터넷 사이트 **网站** wǎngzhàn
클릭하다 **点击** diǎnjī
비밀번호 **密码** mìmǎ
해커 **黑客** hēikè

인터넷 **因特网** yīntèwǎng
홈페이지 **网页** wǎngyè
검색하다 **搜索** sōusuǒ
다운로드하다 **下载** xiàzǎi

중국의 차(茶)문화

　차란 일반적으로 동백나무과에 속하는 차나무에서 어린잎을 따서 가공하여 만든 찻잎이나 찻잎가루 혹은 차 덩어리를 말한다. 따라서 나뭇잎이나 나무의 껍질, 열매, 뿌리 등을 끓여 만든 인삼차, 두충차, 생강차 등은 엄격히 말하면 차가 아니라 탕이라고 할 수 있다.
　기름진 음식이 주를 이루는 음식을 먹는 중국인들 중에 비만이 드문 이유는 차를 즐겨 마시기 때문이라고도 볼 수 있다. 중국인들이 마시는 차는 종류가 매우 다양하지만 간단하게 요약하면 크게 여섯 가지로 나눌 수 있다.

■ **녹차** : 역사가 가장 길고, 생산량이 가장 많으며, 품종이 다양하다. 녹차 중의 명차는 용정차(龍井茶), 벽라춘차 등 90여 종이 있다. 용정차는 중국 차 중에서 가장 으뜸으로치는 차로, 청나라 건륭제 때에는 황실에서만 먹을 수 있었던 고급품이었다. 특산지는 항주에 있는 용정의 차밭이다.

■ **홍차** : 복건성, 광동성에서 주로 생산된다. 복건성의 무이암차(武夷岩茶)를 진화시켜 만든 小種(스숑,souchong)과 광동성 祁門(키문,Keemun)지역에서 나는 키문이 유명하다. 키문은 차잎을 얇게 돌돌 마는 것이 특징이다.

■ **오룡차** : 향기가 짙으며 녹차처럼 맛이 산뜻하다. 종류에는 무이암영, 안계철관음, 봉황단총 등이 있다.

■ **백차** : 우아한 은빛색으로 맛이 담백하다. 백호은침과 백호단은 백차의 으뜸이다.

■ **화차** : 중국의 독특한 차로서 향편차라고도 한다. 생화를 훈제하여 만든 것이 화차다.

■ **긴압차** : 보통 큰 차 잎이나 차나무 가지로 먼저 홍차 또는 화차를 만든 다음, 그것을 원료로 하여 다시 만든다. 보이(普耳), 육보(六堡)가 긴압차 중의 명품이다.

13 北京夏天天气怎么样?

북경의 여름 날씨는 어떻습니까?
Běijīng xiàtiān tiānqì zěnmeyàng?

기본회화 ① 여름 날씨가 어떤가요?

A 北京夏天天气怎么样?
Běijīng xiàtiān tiānqì zěnmeyàng?

B 夏天比较热,
Xiàtiān bǐjiào rè,

一般七, 八月气温都在三十度以上。
yìbān qī, bā yuè qìwēn dōu zài sānshí dù yǐshàng.

A 北京的夏天不下雨吗?
Běijīng de xiàtiān bú xià yǔ ma?

B 有时也下雨, 一般雷阵雨比较多, 所以比较闷热。
Yǒushí yě xià yǔ, yìbān léizhènyǔ bǐjiào duō, suǒyǐ bǐjiào mēnrè.

A_ 북경 여름은 날씨가 어떤가요?
B_ 여름은 비교적 더워요. 보통 7, 8월 기온은 30도 이상이에요.
A_ 북경의 여름은 비가 안 오나요?
B_ 때로는 역시 비가 와요. 보통 소나기가 많이 오죠. 그래서 꽤 무더워요.

01 표현 다지기

■ **有时也下雨。** Yǒu shí yě xià yǔ.

'有时'는 '有时候'와 같이 쓰이며, '때로는, 이따금'의 뜻을 가진다.

■ **那里的天气有时冷, 有时热。** Nàli de tiānqì yǒushí lěng, yǒushí rè.

'有'는 '때' 외에 사람, 장소의 앞에 쓰여 '어떤'으로 해석되며 부분적인 것을 나타낸다.

- 有人喜欢唱歌, 有人不喜欢唱歌。
  Yǒurén xǐhuan chàng gē, yǒurén bù xǐhuan chàng gē.
  어떤 이는 노래하는 것을 좋아하고, 어떤 이는 노래하는 것을 좋아하지 않는다.

- 这场雨有地方下到了, 有地方没下到。
  Zhè cháng yǔ yǒu dìfang xià dào le, yǒu dìfang méi xià dào.
  이번 비는 어떤 곳에는 내렸고, 어떤 곳에는 내리지 않았다.

■ **所以比较闷热。** Suǒyǐ bǐjiào mēnrè.

'所以'는 인과 관계의 문장에서 결과를 나타내는 접속사이다. 보통 이유를 나타내는 '因为 yīnwèi'와 함께 쓰인다.

- 因为今天有病, 所以我没上学。 오늘 아파서, 나는 학교에 가지 않았다.
  Yīnwèi jīntiān yǒu bìng, suǒyǐ wǒ méi shàng xué.

'比较'는 동사로서 '비교하다'의 뜻과, 부사로서 '비교적'의 의미를 갖는다.

- 这个和那个比较起来…。 이것과 저것을 비교하여 보면….
  Zhège hé nàge bǐjiào qǐlái….

- 比较好的 비교적 좋은 것
  Bǐjiào hǎo de

 生词

| 一般 yībān 일반적으로 | 有时 yǒushí 때로는 | 所以 suǒyǐ 그래서 |
| 闷热 mēnrè 무덥다 | 雷阵雨 léizhènyǔ 천둥비, 천둥과 번개를 동반한 소나기 | |

13 북경의 여름 날씨는 어떻습니까?

기본회화 ② 또 바람이 부는군요.

A 又刮风了, 北京的冬天快来了吧?
Yòu guā fēng le, Běijīng de dōngtiān kuài lái le ba?

B 是啊, 天气预报说, 这几天有寒流。
Shì a, tiānqì yùbào shuō, zhè jǐ tiān yǒu hánliú.

A 这儿的冬天经常下雪吗?
Zhèr de dōngtiān jīngcháng xià xuě ma?

B 不经常下雪。 北京的冬天晴天比较多。
Bù jīngcháng xià xuě. Běijīng de dōngtiān qíngtiān bǐjiào duō.

白天常常阳光很好, 只是风有点儿大。
Báitiān chángcháng yángguāng hěn hǎo, zhǐshì fēng yǒu diǎnr dà.

A_ 또 바람이 부네요. 북경의 겨울이 곧 시작되겠죠?

B_ 그래요. 일기예보에서 요 며칠간 한파가 있을 거래요.

A_ 여기 겨울은 늘 눈이 오나요?

B_ 자주 오지 않아요. 북경의 겨울은 맑은 날이 더 많아요, 낮에는 늘 햇볕이 좋아요. 단지 바람이 좀 불어요.

Běijīng xiàtiān tiānqì zěnmeyàng? 13

02 표현 다지기

■ **北京的冬天快来了吧？** Běijīng de dōngtiān kuài lái le ba?

'快…了'는 동작이 곧 발생하려고 하거나 어떤 상황이 곧 일어나려고 하는 것을 나타낸다. 일반적으로 문장 끝에 '了'를 쓰며 시간을 나타내는 짧은 구절에 쓰여 아래 구절에 긴밀히 연결되거나 '快~的'의 형태로 쓰이는 경우는 '了'를 생략할 수 있다. 그밖에 '快要…了', '就要…了', '要…了'라고 표현할 수도 있다.

- 你再等一会儿, 他快回来了。 조금만 더 기다려라. 그가 곧 돌아올 것이다.
  Nǐ zài děng yīhuìr, tā kuài huí lái le.

- 火车快到了。 기차가 곧 도착한다.
  Huǒchē kuài dào le.

- 我来了快两年了。 내가 온 지가 머지않아 2년이 된다.
  Wǒ láile kuài liǎng nián le.

- 我们快要下班了, 以后再来吧。 우리 곧 퇴근하니까 다음에 또 오세요.
  Wǒmen kuàiyào xià bān le, yǐhòu zài lái ba.

■ **经常** jīngcháng **常常** chángcháng

이 두 표현은 모두 '늘, 항상'의 의미를 갖는데 용법 상에 차이가 있다. '经常'은 계속적으로 꾸준히 발생하는 것에 주안점이 있고, '常常'은 발생하는 횟수가 빈번한 것을 강조하며 '经常'만큼 연속적이지 않다. 부정 표현의 경우 각각 '不经常'과 '不常'으로 나타내며 '不常常'이라고 하지 않는다.

- 学习外语最重要的, 就是经常要用功。
  Xuéxí wàiyǔ zuì zhòngyào de, jiù shì jīngcháng yào yònggōng.
  외국어를 배우는 데 가장 중요한 것은 늘 열심히 하는 것이다.

- 我们两个人常常见面。 우리 두 사람은 자주 만난다.
  Wǒmen liǎng ge rén chángcháng jiàn miàn.

 生词

天气预报 tiānqì yùbào 일기예보
经常 jīngcháng 늘, 항상
白天 báitiān 낮

寒流 hánliú 한파
晴天 qíngtiān 맑은 날
阳光 yángguāng 햇빛

13 북경의 여름 날씨는 어떻습니까?

기본회화 ③ 오늘이 어제보다 춥습니다.

A 最近天气可真冷，你说，今天冷还是昨天冷？
Zuìjìn tiānqì kě zhēn lěng, nǐ shuō, jīntiān lěng háishì zuótiān lěng?

B 今天比昨天冷。
Jīntiān bǐ zuótiān lěng.

A 韩国的首尔跟北京一样冷吗？
Hánguó de Shǒu'ěr gēn Běijīng yíyàng lěng ma?

B 不，首尔没有北京冷。
Bù, Shǒu'ěr méiyǒu Běijīng lěng.

A_ 요즘 날씨가 아주 추워요. 당신 생각에 오늘이 추워요, 아니면 어제가 추워요?
B_ 오늘이 어제보다 추워요.
A_ 한국의 서울은 북경과 똑같이 춥나요?
B_ 아니요, 서울은 북경만큼 춥지 않아요.

03 표현 다지기

■ **首尔跟北京一样冷吗?** Shǒu'ěr gēn Běijīng yíyàng lěng ma?

'跟…一样'은 비교구문에 사용되며 두 가지 사물을 비교한 결과가 같다는 것을 나타낸다. 부정 형식은 일반적으로 '一样' 앞에 '不'를 붙여 '不一样'으로 쓴다.

- 我买的跟你买的一样好。 내가 산 것과 네가 산 것이 똑같이 좋다.
  Wǒ mǎi de gēn nǐ mǎi de yíyàng hǎo.
- 现在跟以前不一样。 지금은 이전과 같지 않다.
  Xiànzài gēn yǐqián bù yíyàng.

■ **首尔没有北京冷。** Shǒu'ěr méiyǒu Běijīng lěng.

동사 '有'와 부정형 '没有'도 비교를 나타내는 데 쓸 수 있다. A, B 중 A가 B의 정도에 도달했거나 도달하지 못했음을 나타낸다. 이 중에 주로 많이 사용되는 것은 일정 수준에 도달하지 못했음을 나타내는 '没有'이며, '有'는 의문문에 많이 사용된다.

- 我没有哥哥高。 나는 형만큼 크지 않다.
  Wǒ méiyǒu gēge gāo.
- 首尔有北京大吗? 서울이 북경만큼 크나요?
  Shǒu'ěr yǒu Běijīng dà ma?

비교문에서 '没有'와 '不比'의 의미는 같지 않다.

- 我说汉语没有他好。
  Wǒ shuō Hànyǔ méiyǒu tā hǎo.
  나는 그만큼 중국어를 잘하지 않는다.   →그가 나보다 낫다
- 我说汉语不比他好。
  Wǒ shuō Hànyǔ bù bǐ tā hǎo.
  내가 중국어를 그보다 더 잘하지 않는다.   →더 못할 수도 있고 같은 수준일 수도 있다.

 生词

可 kě 정말

문법 포인트 비교문

[비교문]

(1) '比'를 사용하는 비교문

두 사람이나 두 사물을 비교하려 할 때, 'A+比+B+비교한 결과'의 형태로 한다.

我比他大三岁。   나는 그보다 세 살 많다.
Wǒ bǐ tā dà sān suì.

'比'를 사용하는 비교문의 형용사 앞에 '更', '还'와 같은 부사는 사용할 수 있으나, '很', '太', '非常'과 같은 부사는 사용할 수 없다.

那里的夏天比这里还热。   그 곳의 여름은 이 곳보다 훨씬 덥다.
Nàli de xiàtiān bǐ zhèli hái rè.

'比'를 사용하는 비교문의 부정은 '比' 앞에 '不'를 쓴다.

我写的汉字不比他(写的汉字)好。
Wǒ xiě de Hànzì bù bǐ tā (xiě de Hànzì) hǎo.
내가 쓴 한자는 그(가 쓴 한자)보다 훌륭하지 않다.

(2) '没有'를 이용하는 비교문(…만큼 ~하지 않다)

'有'를 써서 비교하는 방법은 'A+有+B+비교되는 점'이다. 여기서 A는 주어이고, B는 비교의 기준이 된다. 이것은 'A가 비교되는 점에 있어서 B의 정도에 미친다는 것'을 의미한다. 'A+没有+B+비교되는 점' 형식은 부정문이 되어 'A가 비교되는 점에 있어서 B에 못 미친다는 것'이 된다.

那里的夏天没有首尔这么热。   그 곳의 여름은 서울만큼 덥지 않다.
Nàli de xiàtiān méiyǒu Shǒu'ěr zhème rè.

흔히 비교의 결과를 나타내는 형용사 앞에 '这么 zhème'나 '那么 nàme'를 붙여서 정도를 나타낸다. 비교의 기준인 인물이나 사물이 화자(話者)의 앞에 있을 때는 '这么'를 쓰고 멀리 있을 때 '那么'를 쓴다.

Běijīng xiàtiān tiānqì zěnmeyàng?

비교문

(3) '跟…一样', '跟…差不多'를 이용한 비교문

> A跟B一样 : A와 B는 같다
>
> A跟B差不多 : A와 B는 비슷하다

'跟 gēn'은 '와/과'에 해당하는 전치사이고, '一样 yíyàng, 差不多 chàbuduō'는 '같다, 비슷하다'의 뜻이므로 비교의 의미를 나타낸다.

他跟我一样忙。   그는 나처럼 바쁘다.
Tā gēn wǒ yíyàng máng.

我的跟他的差不多。   내 것은 그의 것과 비슷하다.
Wǒ de gēn tā de chàbuduō.

13 평가하기

1 다음 빈칸에 한어병음과 한자, 한글해석을 써 봅시다.

① _____   yìbān   일반적으로
② 有时   yǒushí   _____
③ _____   suǒyǐ   그래서
④ 闷热   _____   무덥다
⑤ 天气预报   tiānqì yùbào   _____
⑥ 白天   _____   낮

2 빈칸에 알맞은 한자를 찾아 써 봅시다.

| 快   比   一样   所以 |

① 一般雷阵雨比较多，___ 比较闷热。
② 北京的冬天 ___ 来了吧?
③ 今天 ___ 昨天冷。
④ 韩国的首尔跟北京 ___ 冷吗?

 1. ① 一般 ② 때로는 ③ 所以 ④ mēnrè ⑤ 일기예보 ⑥ báitiān
2. ① 所以 ② 快 ③ 比 ④ 一样

164

3 표시된 한자의 의미에 유의하면서 해석을 해 봅시다.

① 最近天气可真冷。

② 首尔没有北京冷。

③ 这儿的冬天经常下雪吗?

④ 只是风有点儿大。

4 다음 우리말을 주어진 단어를 이용하여 중국어로 바꿔 보자.

① 때로는 눈이 온다.   有时

② 또 바람이 부네요.   又

③ 우리 곧 퇴근하니까 다음에 또 오세요.   快要

 정답
3. ① 요즘 날씨가 아주 추워요.   ② 서울은 북경만큼 춥지 않아요.
③ 여기 겨울은 늘 눈이 오나요?   ④ 단지 바람이 조금 불어요.
4. ① 有时下雪。   ② 又刮风了。   ③ 我们快要下班了, 以后再来吧。

165

13 어휘 플러스

의류·복장 (服裝 fúzhuāng)

- 안경 眼镜 yǎnjìng
- 털모자 冬帽 dōngmào
- 넥타이 领带 lǐngdài
- 외투 大衣 dàyī
- 장갑 手套 shǒutào
- 허리띠 皮带 pídài
- 가죽가방 皮包 píbāo
- 목도리 围巾 wéijīn
- 치마 裙子 qúnzi
- 바지 裤子 kùzi
- 구두 皮鞋 píxié
- 양말 袜子 wàzi
- 운동화 运动鞋 yùndòngxié

드레스셔츠 衬衫 chènshān	스웨터 毛衣 máoyī	청바지 牛仔裤 niúzǎikù
수영복 游泳衣 yóuyǒngyī	운동복 运动衣 yùndòngyī	잠옷 睡衣 shuìyī
비옷 雨衣 yǔyī		

황사(黃砂)

　매년 봄만 되면 우리나라를 찾는 불청객에 황사가 있다. 중국어로는 '砂尘暴 shāchénbào'라 하며 모래폭풍이라는 뜻이 된다.
　일반적으로 황사는 중국 북부 신장웨이우얼(新疆维吾尔 Xīnjiāng Wéiwú'ěr)의 타클라마칸 사막과 몽골 고원의 고비 사막, 황허 강(黄河 Huánghé) 상류의 알리산 사막, 몽골과 중국의 경계에 걸친 넓은 건조지대 등에서 발생해 중국은 물론 한반도와 일본, 멀리는 하와이와 미국 본토에까지 영향을 미친다. 그런데 그 타클라마칸 사막지대와 고비 사막은 선진(先秦) 시대에는 울창한 원시림으로 덮여져 있던 곳이었다. 한 나라 때 이민족의 침입을 막고 그들의 동태를 파악하기 위하여 그 원시림을 무려 200여 년 동안 태운 결과 마침내는 사막으로 변했다. 이렇게 사람들에 의해 파괴된 자연은 그 죄과를 사람들에게 돌려주고 있다. 황사 먼지 속에는 방사능뿐만 아니라 각종 암을 유발하는 물질들이 포함되어 있어 매우 유해하다고 한다.

　한국과 중국 양국은 황사 피해에 대처하기 위해 황사 방지 정책과 사업에 공동으로 재원을 마련하여 황사의 발생과 피해 실태 조사, 황사 발생을 낮출 수 있는 대책과 대응시스템 운영, 국제협력사업에 힘쓰는 등에 협력하고 있다.

◀ 타클라마칸 사막지대

14 欢迎光临,你要买什么?

어서 오세요, 무엇을 사시겠습니까?
Huānyíng guānglín, nǐ yào mǎi shénme?

기본회화 1 무엇을 사시겠습니까?

A 欢迎光临,你要买什么?
Huānyíng guānglín, nǐ yào mǎi shénme?

B 这里都卖些什么水果啊? 多少钱?
Zhèlǐ dōu mài xiē shénme shuǐguǒ a? Duōshao qián?

A 有苹果四块一斤,香蕉两块五一斤。葡萄,梨都有。
Yǒu píngguǒ sì kuài yì jīn, xiāngjiāo liǎo kuài wǔ yì jīn. Pútao, lí dōu yǒu.

B 我看来香蕉又好吃又便宜。我来四斤香蕉。
Wǒ kànlái xiāngjiāo yòu hǎochī yòu piányi. Wǒ lái sì jīn xiāngjiāo.

A_ 어서 오세요, 무얼 찾으세요?

B_ 여기는 어떤 과일들을 팔죠? 얼마하나요?

A_ 사과는 한 근에 4위안, 바나나는 한 근에 2.5위안, 포도와 배 다 있습니다.

B_ 보니까 바나나가 맛도 있고 싸네요. 바나나 4근 주세요.

Huānyíng guānglín, nǐ yào mǎi shénme? 14

01 표현 다지기

■ **这里都卖些什么水果啊?**   Zhèli dōu mài xiē shénme shuǐguǒ a?

'些'는 확정적이 아닌 적은 수량을 나타낸다. 흔히 수사 '一'와 결합하여 '一些'로 쓰이며, 수사를 생략하는 경우가 많다.

- 吃一些东西再走。   약간 뭘 먹고 갑시다.
  Chī yìxiē dōngxi zài zǒu.

- 这里有些什么菜?   여기에는 어떤 요리들이 있습니까?
  Zhèlǐ yǒu xiē shénme cài?

■ **香蕉又好吃又便宜。**   Xiāngjiāo yòu hǎo chī yòu piányi.

'又'는 부사로서 두 가지 또는 몇 가지의 동작, 상황, 성질이 동시에 존재함을 나타낸다.

- 他又学汉语, 又学英语。   그는 중국어도 배우고 영어도 배운다.
  Tā yòu xué Hànyǔ, yòu xué Yīngyǔ.

- 他的汽车又大又漂亮。   그의 자동차는 크고 멋있다.
  Tā de qìchē yòu dà yòu piàoliang.

- 今天我没有时间, 天气又不好, 我们明天再去吧。
  Jīntiān wǒ méiyǒu shíjiān, tiānqì yòu bù hǎo, wǒmen míngtiān zài qù ba.
  오늘은 내가 시간이 없는데, 날씨도 안 좋으니, 우리 내일 가자.

'便宜'는 '값이 싸다'라는 뜻으로 반대말로는 '비싸다'의 '贵'가 있다.

- 太贵了, 便宜一点儿吧。   너무 비싸요, 좀 싸게 해 주세요.
  Tài guì le, piányi yìdiǎnr ba.

- 这个东西太贵了, 能不能便宜一点儿。
  Zhège dōngxi tài guì le, néng bu néng piányi yìdiǎnr.
  이 물건은 너무 비싸요, 싸게 해 주실 수 있나요?

 生词

| 光临 guānglín 왕림하다 | 些 xiē 약간 | 香蕉 xiāngjiāo 바나나 |
| 葡萄 pútao 포도 | 梨 lí 배 | 便宜 piányi 값이 싸다 |

14 어서 오세요, 무엇을 사시겠습니까?

기본회화 ❷ 어떤 색 모자를 원하세요?

A 你想要什么颜色的帽子？
Nǐ xiǎng yào shénme yánsè de màozi?

B 我想买白色的帽子，请给我看看好吗？
Wǒ xiǎng mǎi báisè de màozi, qǐng gěi wǒ kànkan hǎo ma?

A 对不起，白色的帽子都卖完了。
Duìbuqǐ, báisè de màozi dōu màiwán le.

还有黑色、红色什么的，也很好看。 你看看吧。
háiyǒu hēisè、hóngsè shénme de, yě hěn hǎokàn.　Nǐ kànkan ba.

B 好，黑色的也不错。
Hǎo, hēisè de yě búcuò.

A_ 당신은 무슨 색깔 모자를 원하세요?

B_ 저는 흰 색 모자를 사려고요. 제게 좀 보여 주시겠어요?

A_ 미안합니다. 흰 색 모자는 다 팔렸어요.

　　또 검은색, 빨간색이 있는데, 역시 예뻐요. 좀 보세요.

B_ 좋아요, 검은색도 괜찮네요.

02 표현 다지기

■ **白色的帽子都卖完了。**　Báisè de màozi dōu mài wán le.

'卖完'은 '다 팔리다'의 뜻으로 '完'이 결과 보어로 쓰였다. '完'은 동사 뒤에서 완료를 나타낸다.

- 吃完饭了。　　　　　밥을 다 먹었다.
  Chī wán fàn le.
- 还没办完。　　　　　아직 끝내지 않았다.
  Hái méi bàn wán.
- 听完别人的话。　　　다른 사람의 말을 끝까지 다 듣다.
  Tīng wán biérén de huà.

결과 보어 '完'은 동작이 완결되는 것만 나타내 주는 반면 결과 보어 '好'는 동작의 완성과 동시에 만족한 상태에 도달하는 것까지 나타낸다.

- 我吃好了。　　　　　나는 (배불리) 잘 먹었다.
  Wǒ chī hǎo le.

■ **还有黑色、红色什么的。**　Háiyǒu hēisè、hóngsè shénme de.

'什么的'는 '등등, 따위'로 해석되며 하나의 성분이나 몇 개의 병렬 성분 뒤에 쓰인다.

- 我喜欢打篮球、乒乓球什么的。　　나는 농구, 탁구 따위를 좋아한다.
  Wǒ xǐhuan dǎ lánqiú, pīngpāngqiú shénme de.
- 我今天买了衣服、帽子什么的。　　나는 오늘 옷, 모자 같은 것을 샀다.
  Wǒ jīntiān mǎile yīfu, màozi shénme de.

 生词

| 颜色 yánsè 색깔 | 帽子 màozi 모자 | 白色 báisè 흰색 |
| 黑色 hēisè 검은색 | 红色 hóngsè 빨간색 | |

14 어서 오세요, 무엇을 사시겠습니까?

기본회화 3 카드로 계산해도 되나요?

A 先生，你一共花了三百块。
Xiānsheng, nǐ yígòng huāle sānbǎi kuài.

B 好的，可以用信用卡结账吗？
Hǎo de, kěyǐ yòng xìnyòngkǎ jié zhàng ma?

A 对不起，我们这里只收现金。
Duìbuqǐ, wǒmen zhèlǐ zhǐ shōu xiànjīn.

B 那好，这是三百块钱。　请你点一点。
Nà hǎo, zhè shì sānbǎi kuài qián.　Qǐng nǐ diǎn yi diǎn.

A_ 선생님, 전부해서 300위안입니다.
B_ 네, 신용카드로 계산해도 되나요?
A_ 미안합니다. 우리는 현금만 받습니다.
B_ 좋아요. 여기 300위안이 있습니다. 세어 보세요.

Huānyíng guānglín, nǐ yào mǎi shénme? **14**

03 표현 다지기

■ **你一共花了三百块。** Nǐ yígòng huā le sānbǎi kuài.

여기서 '花'는 동사로서 '돈이나 시간을 소모하다'라는 뜻을 나타낸다. 이 용법은 중국인들이 자주 쓰는 구어 표현이다.

- 他今天花了很多钱。 그는 오늘 돈을 많이 썼다.
  Tā jīntiān huāle hěn duō qián.

■ **可以用信用卡结账吗?** Kěyǐ yòng xìnyòngkǎ jié zhàng ma?

'结账'은 '계산하여 돈을 지불하다'라는 표현이다. 흔히 신용카드로 계산할 때 쓰는 표현에 '刷卡 shuākǎ'가 있다. 우리말에 '카드를 긁다'라는 말이 있듯이 '刷'도 그 뜻에 해당한다.

- 这里可以刷卡吗? 여기 신용카드도 되나요?
  Zhèlǐ kěyǐ shuākǎ ma?

■ **请你点一点。** Qǐng nǐ diǎn yi diǎn.

'点'은 '하나하나 대조하여 확인하다'라는 뜻으로 사용되었다. '点'은 동사일 때 기본 뜻이 '점을 찍다'로서 거기서 파생된 의미이다.

- 请你把钱点一点。 돈을 세어 보세요.
  Qǐng nǐ bǎ qián diǎn yi diǎn.

그 외 '(요리를) 주문하다', '(머리를) 끄덕이다', '출석을 부르다' 등이 상용되는 표현이다.

- 我不会点菜。 나는 요리를 잘 주문할 줄 모른다.
  Wǒ bú huì diǎn cài.
- 他点了点头。 그는 머리를 끄덕였다.
  Tā diǎnle diǎn tóu.
- 你被点名了。 네 이름이 불렸다.
  Nǐ bèi diǎn míng le.

生词

花 huā 쓰다, 소비하다　　用 yòng 사용하다, …를 가지고
信用卡 xìnyòngkǎ 신용카드　　结账 jiézhàng 계산하다　　收 shōu 받다
现金 xiànjīn 현금

14 어서 오세요, 무엇을 사시겠습니까?

문법 포인트 연동문

[연동문]

연동문은 동사 구조의 연용형식으로 구성되어 두 개 이상의 동사 구조가 동일한 주어를 공유하는 문장이다. 연속된 동사는 순서가 고정되어 있으며(동사의 순서에 따라서 일이 진행된다) 접속어도 없고 휴지(休止)도 없다. 그렇기 때문에 의미에 밀접한 관계가 있고, 그러한 의미의 관련에 의해서 분류할 수 있다.

(1) 목적 : …하기 위해(하려고) ~하다.

去商店买衣服。 옷을 사기 위해 상점에 가다.
Qù shāngdiàn mǎi yīfu.

打电话问问他。 그에게 좀 물어보고자 전화를 걸다.
Dǎ diànhuà wènwen tā.

(2) 방식·수단 : …(하고)하면서 ~하다

坐地铁去大使馆。 지하철을 타고 대사관에 가다.
Zuò dìtiě qù dàshǐguǎn.

走着去学校。 걸어서 학교에 가다.
Zǒuzhe qù xuéxiào.

(3) 선후 : …하고서 ~하다

放了假回家。 방학을 하고서 집으로 돌아가다.
Fàngle jià huí jiā.

买了地图去旅行。 지도를 사서 여행을 가다.
Mǎile dìtú qù lǚxíng.

연동문의 부정형은 첫번째 동사 앞에 '不'나 '没'를 놓는다.

我今天不去图书馆看书。 저는 오늘 공부하러 도서관에 가지 않습니다.
Wǒ jīntiān bú qù túshūguǎn kàn shū.

他昨天没去图书馆看书。 그 사람은 어제 공부하러 가지 않았습니다.
Tā zuótiān méi qù túshūguǎn kàn shū.

Huānyíng guānglín, nǐ yào mǎi shénme?

연동문

연동문에 '吗'를 첨가하면 의문문이 된다.

他去参观吗?   그 사람이 견학을 갑니까?
Tā qù cānguān ma?

你有问题要问他吗?   너 그에게 물어보려는 문제가 있느냐?
Nǐ yǒu wèntí yào wèn tā ma?

첫번째 동사가 '来', '去', '有'이면 정반 의문문을 만들 수 있고, 그 밖의 동사는 선택 의문문이 될 수 없다.

你去不去北京站送他?   당신은 그를 전송하러 베이징 역에 갑니까?
Nǐ qù bu qù Běijīngzhàn sòng tā?

你有没有雨伞借我用?   제게 빌려 줄 우산이 있으십니까?
Nǐ yǒu mei yǒu yǔsǎn jiè wǒ yòng?

14 평가하기

1 다음 빈칸에 한어병음과 한자, 한글해석을 써 봅시다.

① 帽子　　[　　　]　　모자
② 便宜　　[　　　]　　값이 싸다
③ [　　　]　shōu　　받다
④ 信用卡　xìnyòngkǎ　[　　　]
⑤ 颜色　　yánsè　　[　　　]
⑥ [　　　]　hēisè　　검은색

2 빈칸에 알맞은 한자를 찾아 써 봅시다.

| 完　用　什么的　些 |

① 这里都卖[　]什么水果啊?
② 白色的帽子都卖[　]了。
③ 还有黑色、红色[　]。
④ 可以[　]信用卡结账吗?

1. ① màozi　② piányi　③ 收　④ 신용카드　⑤ 색깔　⑥ 黑色
2. ① 些　② 完　③ 什么的　④ 用

3 표시된 한자의 의미에 유의하면서 해석을 해 봅시다.

① 欢迎光临, 您要买什么？

② 我看来香蕉又好吃又便宜。

③ 你想要什么颜色的帽子？

④ 我们这里只收现金。

4 다음 우리말을 주어진 단어를 이용하여 중국어로 바꿔 보자.

① 그는 중국어도 배우고 영어도 배운다. 　　又…又

② 밥을 다 먹었다. 　　完

③ (돈을) 세어 보세요. 　　把

정답
3. ① 어서 오세요, 무얼 찾으세요?　② 보니까 바나나가 맛도 있고 싸네요.
　③ 당신은 무슨 색깔 모자를 원하세요?　④ 우리는 현금만 받습니다.
4. ① 他又学汉语, 又学英语。　② 吃完了饭了。　③ 请你把钱点一点。

14 어휘 플러스

디지털 카메라 (数码相机 shùmǎ xiàngjī)

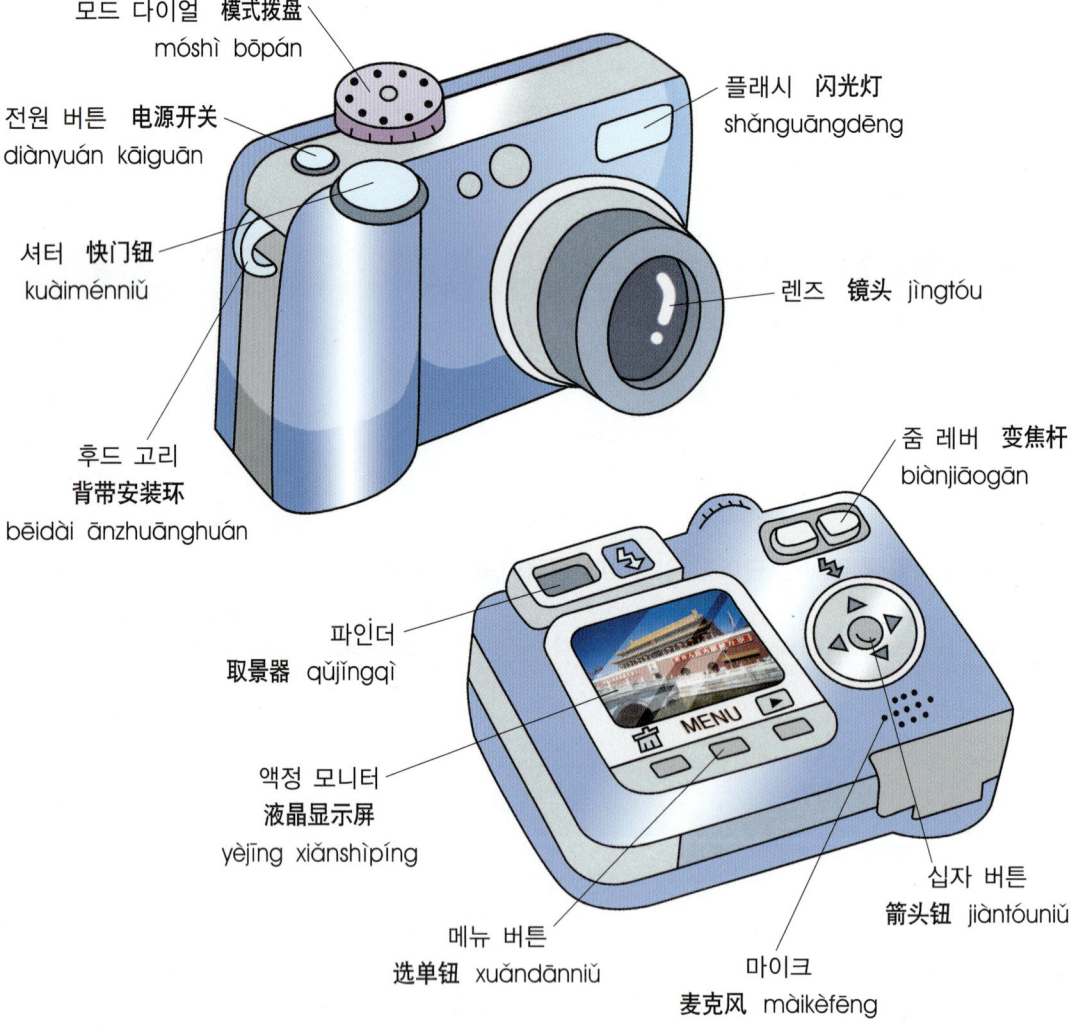

- 모드 다이얼 模式拨盘 móshì bōpán
- 전원 버튼 电源开关 diànyuán kāiguān
- 셔터 快门钮 kuàiménniǔ
- 후드 고리 背带安装环 bēidài ānzhuānghuán
- 플래시 闪光灯 shǎnguāngdēng
- 렌즈 镜头 jìngtóu
- 줌 레버 变焦杆 biànjiāogān
- 파인더 取景器 qǔjǐngqì
- 액정 모니터 液晶显示屏 yèjīng xiǎnshìpíng
- 메뉴 버튼 选单钮 xuǎndānniǔ
- 마이크 麦克风 màikèfēng
- 십자 버튼 箭头钮 jiàntóuniǔ

필름 胶卷 jiāojuǎn	현상하다 加洗 xǐ jiāojuǎn	인화 晒印 shàiyìn
확대 放大 fàngdà	니콘 尼康 Níkāng	삼성 三星 Sānxīng
소니 索尼 Suǒní	올림푸스 奥林巴斯 Āolínbāsī	코닥 柯达 Kēdá
캐논 佳能 Jiānéng	펜탁스 宾得 Bīndé	폴라로이드 拍立得 Pāilìdé
후지 富士 Fùshì	디지털 SLR 카메라 数码单反相机 shùmǎ dānfǎn xiàngjī	

중국 문화 산책

왕푸징(王府井)

　서울에 명동이 있다면 중국 북경에는 왕푸징(王府井 Wángfǔjǐng)이라는 번화한 상업가가 있다. 명나라 때 자금성을 지으면서 이 곳에 왕부(王府)를 세웠는데 황세자 이외의 다른 왕자들이 지방의 왕으로 책봉 받아 가기 전에 이곳에 머물렀다고 한다. 또한 여기에는 소문난 우물이 있었는데 천자(天子)가 살고 있는 황성 주변의 풍수를 고려하여 함부로 우물을 팔 수 없었던 시기에 이 왕부정 우물은 부근 주민들의 귀한 식수원이었다고 한다.
　지금 이 우물은 찾아 볼 수 없지만 오랜 역사적 전통이 숨쉬는 곳으로 알려져 있으며, 현재 수도 북경의 상업 중심지의 면모를 갖추고 있다. '왕부정대가(王府正大街)'라는 길을 따라 길게 자리잡은 백화점들은 대충 손가락으로 꼽아봐도 10개를 훌쩍 넘길만큼 많다. 유명한 백화점으로는 동안시장과 신동안시장이 있다. 동안시장은 가장 장사가 잘되는 백화점으로 유명 브랜드가 많이 입점해 있으며, 지하 1층에는 북경의 옛 거리를 재현해 상점들을 꾸며 놓았다. 신동안시장은 동안시장의 성공에 힘입어 건축된, 동안시장 옆에 위치한 11층짜리 건물로 젊은이들로 북적댄다

왕푸징 거리의 모습

15 두번 보기

你怎么了?
당신, 왜 그러세요?
Nǐ zěnme le?

기본회화 1 너 왜 그래?

A 你怎么了？
   Nǐ zěnme le?

B 我手破了。　　大夫给我上了点儿药。
   Wǒ shǒu pò le.　Dàifu gěi wǒ shàngle diǎnr yào.

A 要换药吗？
   Yào huàn yào ma?

B 大夫说每天要换一次药。　你身体怎么样？
   Dàifu shuō měitiān yào huàn yí cì yào.　Nǐ shēntǐ zěnmeyàng?

A 我今天有点儿头疼。　　想请大夫给我看看。
   Wǒ jīntiān yǒu diǎnr tóuténg.　Xiǎng qǐng dàifu gěi wǒ kànkan.

A_ 너 어떻게 된 거야?

B_ 손을 다쳤어. 의사가 약을 바르고 치료해 주었어.

A_ 붕대를 갈아야 하니?

B_ 의사가 그러는데 매일 한 번씩 갈아야 한 대. 너는 건강이 어때?

A_ 오늘 좀 머리가 아파서 병원에 갈려구.

Shénme shíhou kǎoshì? 15

Wǒ shǒu pò le.

01 표현 다지기

■ 怎么了? Zěnme le?

'怎么'는 상황, 방식, 원인 따위를 묻는 의문사이다. '了'를 뒤에 넣으면 '어떻게 되었느냐?' '어쩐 일이세요?'라는 의미로 상대방이 예사롭지 않을 때 물어 보는 말로 쓰인다. 흔히 아픈 사람에게 '어떻게 안 좋은가'라고 묻는 상황에서 사용된다.

- 你怎么了, 饭也不吃。   너는 어떻게 된 일이냐, 밥도 먹지 않고.
  Nǐ zěnme le, fàn yě bù chī.

 生词

手 shǒu 손	破 pò 다치다, 망가지다	药 yào 약
换 huàn 바꾸다	次 cì ~번, ~차례	舒服 shūfu 편안하다
头 tóu 머리	疼 téng 아프다	

기본회화 ② 어디가 불편하시죠?

A 请坐，你哪儿不舒服？
Qǐngzuò, nǐ nǎr bù shūfu?

B 我有点儿发烧，嗓子疼，鼻子不通。
Wǒ yǒu diǎnr fāshāo, sǎngzi téng, bízi bù tōng.

A 咳嗽吗？你头疼不疼？
Késou ma? Nǐ tóu téng bu téng?

B 咳嗽，头疼。
Késou, tóu téng.

A 试试表吧。
Shìshi biǎo ba.

五分钟以后给我看。
Wǔ fēnzhōng yǐhòu gěi wǒ kàn.

A_ 앉으세요. 당신 어디가 안 좋으세요?
B_ 나는 열이 좀 나고, 목이 아프고, 코가 막혔어요.
A_ 기침해요? 머리는 안 아파요?
B_ 기침이랑 두통이 있어요.
A_ 체온을 재어 봅시다. 5분 후에 보여 주세요.

02 표현 다지기

■ **你哪儿不舒服？** Nǐ nǎr bù shūfu?

역시 몸이 불편한 사람에게 어디가 안 좋은지를 물을 때 쓰는 말이다. '舒服'는 '(육체나 정신이) 편안하다'의 뜻을 나타낸다.

- 今天挺舒服的。 오늘은 아주 쾌적하다.
  Jīntiān tǐng shūfu de.

■ **发烧** fāshāo

'发'는 '(빛, 열 등을) 발하다'의 의미로 쓰였다. '열이 나다'라고 하는 표현에 '发热 fā rè'도 쓸 수 있는데, 이는 주로 38도 이상의 고열이 나는 경우를 말한다. '发高烧 fā gāoshāo'도 '고열이 나다'의 뜻이다.

- 他烧得厉害。 그는 열이 몹시 난다.
  Tā shāo de lìhai.

■ **头疼** tóuténg

'疼'은 '아프다'라는 의미로 술어 역할을 한다. '疼' 대신에 '痛 tòng'을 쓰기도 한다. '疼'은 그밖에 '몹시 아끼다'라는 뜻도 있다.

- 你的手还疼吗? 네 손은 아직 아프니?
  Nǐ de shǒu hái téng ma?
- 奶奶最疼我。 할머니는 나를 가장 아끼신다.
  Nǎinai zuì téng wǒ.

生词

发烧 fāshāo 열이 나다	嗓子 sǎngzi 목	鼻子 bízi 코
通 tōng 통하다	咳嗽 késou 기침하다	
表 biǎo 시계(**体表** tǐbiǎo 겨드랑이에 끼우는 체온계)		

15 언제 시험을 봅니까?

기본회화 ③ 무슨 병이지요?

A 到时间了, 我看看多少度。三十八度七。张开嘴, "啊…。"
　　Dào shíjiān le, wǒ kànkan duōshao dù. Sānshíbā dù qī.　Zhāng kāi zuǐ, "ā--".

B "啊…。" 什么病?
　　"Ā --" shénme bìng?

A 解开上衣, 我听听。 你感冒了。
　　Jiě kāi shàngyī, wǒ tīngting.　Nǐ gǎnmào le.

　　不要紧, 只要吃点儿药就会好了。
　　búyào jǐn, zhǐyào chī diǎnr yào jiù huì hǎo le.

B 谢谢大夫。
　　Xièxie dàifu.

A_ 시간 되었습니다. 몇 도인지 봅시다. 38.7도네요. 입을 벌려요. '아…'
B_ '아…' 무슨 병이죠?
A_ 웃옷을 벗으세요, 제가 청진을 할게요. 당신은 감기에요.
　　괜찮아요, 약을 좀 드시면 나아질 겁니다.

03 표현 다지기

■ 张开 zhāng kāi 解开 jiě kāi

'开'는 본래 동사로 '열다'의 뜻에서 '열려서 분리됨'을 뜻하는 결과 보어로 쓰였다. '张开'는 입을 벌려 열린 것을, '解开'는 옷을 벗어 열린 것을 나타낸다. 이같이 동사의 뒤에 동작의 결과에 대해 보충 설명하는 성분을 가리켜 결과 보어라고 하며 주로 동사와 형용사가 사용된다. 동사와 결과 보어는 긴밀하게 결합되어 있어 하나의 단어와도 같다. 따라서 목적어나 '了'는 반드시 결과 보어 뒤에 놓아야 한다.

- 我看好了这本书。 나는 이 책을 다 보았다.
  Wǒ kàn hǎo le zhè běn shū.

■ 只要 zhǐyào

'只要'는 '…하기만 하면'의 의미인데 뒷 구절에서 부사 '就'가 호응한다. 앞의 조건이 충족될 경우, 뒤의 상황이 발생함을 뜻한다.

- 只要不下大雨, 我就去。 큰 비만 오지 않는다면, 나는 갈 것이다.
  Zhǐyào bú xià dàyǔ, wǒ jiù qù.

이에 반해, '只有'는 '…해야만이'의 뜻으로 '才'와 호응한다. 이것은 앞의 조건이 필수적이어서 그 조건 하에서만 뒤의 상황이 발생함을 뜻한다.

- 只有这样做才能成功。 이렇게 해야만이 성공할 수 있다.
  Zhǐyǒu zhèyàng zuò cái néng chénggōng.

生词

张 zhāng 열다; 펴다   开 kāi 열다   嘴 zuǐ 입
病 bìng 병   解 jiě 풀다, 벗다   上衣 shàngyī 웃옷
要紧 yàojǐn 중요하다, 심하다   只要 zhǐyào …하기만 하면

15 언제 시험을 봅니까?

문법 포인트 연동문

[겸어문]

겸어문은 첫 번째 동사의 목적어가 두 번째 나오는 동사의 주어가 되는 문장을 말한다.

> 주어+술어+목적어(다음에 나오는 술어의 주어를 겸함)+술어+목적어

겸어문은 일반적으로 요청이나 사역의 의미를 나타낸다. 겸어문에 자주 등장하는 동사로는 '请 qǐng', '让 ràng', '叫 jiào', '使 shǐ', '要 yào' 등이 있다.

我们请老师唱歌。　　　　　우리는 선생님께 노래를 청했다.
Wǒmen qǐng lǎoshī chàng gē.

这件事让我很感动。　　　　이 일로 나는 감명을 받았다.
Zhè jiàn shì ràng wǒ hěn gǎndòng.

我叫小李去接电话。　　　　나는 이 군에게 가서 전화 받으라고 했다.
Wǒ jiào xiǎo Lǐ qù jiē diànhuà.

那个消息使我们很高兴。　　그 소식은 우리를 아주 기쁘게 했다.
Nàge xiāoxi shǐ wǒmen hěn gāoxìng.

爸爸要我睡觉。　　　　　　아버지께서 나에게 잠 자라고 하셨다.
Bàba yào wǒ shuìjiào.

겸어문을 부정할 때는 일반적으로 첫 번째 술어를 부정한다.

妈妈不让我买手机。　　　　　어머니는 나에게 핸드폰을 못 사게 하셨다.
Māma bú ràng wǒ mǎi shǒujī.

我们没请他来, 是他自己来的。　우리는 그를 초청하지 않았는데 그가 스스로 왔다.
Wǒmen méi qǐng tā lái, shì tā zìjǐ lái de.

연동문

겸어문에서 끊어 읽기 하는 곳은 반드시 겸어의 뒤이다. 그 이유는 겸어가 첫번째 동사의 목적어로서의 성질이 더 강하기 때문이다.

我请他 / 来。 제가 그 분께 오시라고 했습니다.
Wǒ qǐng tā / lái.

我叫他 / 明天来。 저는 그 사람에게 내일 오라고 했습니다.
Wǒ jiào tā / míngtiān lái.

15 평가하기

1 다음 빈칸에 한어병음과 한자, 한글해석을 써 봅시다.

①	药		약
②		huàn	바꾸다
③	舒服	shūfu	
④	鼻子		코
⑤		bìng	병
⑥	要紧	yàojǐn	

2 빈칸에 알맞은 한자를 찾아 써 봅시다.

> 就   哪儿   开   疼

① 你 ☐ 不舒服?
② 你头 ☐ 不 ☐ ?
③ 只要吃点儿药 ☐ 会好了。
④ 解 ☐ 上衣, 我听听。

 정답
1. ① yào   ② 换   ③ 편안하다   ④ bízi   ⑤ 病   ⑥ 중요하다
2. ① 哪儿   ② 疼   ③ 就   ④ 开

3 표시된 한자의 의미에 유의하면서 해석을 해 봅시다.

① 大夫说每天要换一次药。

② 想请大夫给我看看。

③ 张开嘴,"啊--。"

④ 五分钟以后给我看。

4 다음 우리말을 주어진 단어를 이용하여 중국어로 바꿔 보자.

① 너는 어떻게 된 일이냐, 밥도 먹지 않고? 　怎么

② 시간 되었습니다. 몇 도인지 봅시다. 　到, 看看

③ 목이 아프고, 코가 막혔어요. 　嗓子, 鼻

정답

3. ① 의사가 그러는데 매일 한 번씩 약을 갈아야 한대. ② 의사에게 진찰을 좀 받으려고 해.
③ 입을 벌려요 '아~'. ④ 5분 후에 볼게요.
4. ① 你怎么了,饭也不吃? ② 到时间了。我看看多少度。 ③ 嗓子疼,鼻子不通。

189

15 어휘 플러스

병원 (医院 yīyuàn)

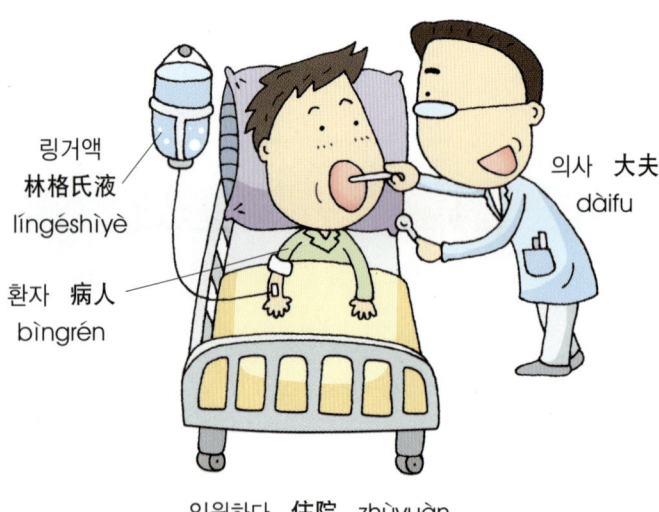

看病 kànbìng 진찰을 받다

링거액 **林格氏液** língéshìyè

환자 **病人** bìngrén

의사 **大夫** dàifu

입원하다 **住院** zhùyuàn

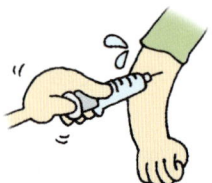

주사를 놓다
打针 dǎ zhēn

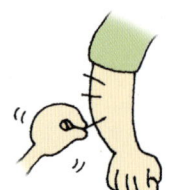

침을 놓다
扎针 zhā zhēn

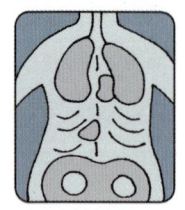

内科 nèikē 내과

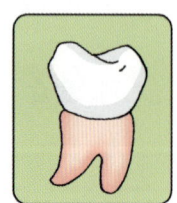

牙科 yákē 치과

外科 wàikē 외과

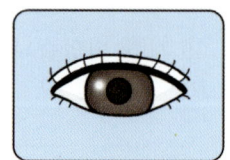

眼科 yǎnkē 안과

한방병원, 한의사 **中医** zhōngyī   병원, 양의사 **西医** xīyī   퇴원하다 **出院** chūyuàn
병이 나다 **生病** shēngbìng   수술하다 **动手术** dòngshǒushù   소아과 **小儿科** xiǎo'érkē
산부인과 **妇产科** fùchǎnkē   피부과 **皮肤科** pífūkē   비뇨기과 **泌尿科** bìniàokē
신경과 **神经科** shénjīngkē   이비인후과 **耳鼻喉科** ěrbíhóukē

중국인의 놀이문화

■ 댄스

중국에서는 사교춤을 의미하며 남녀가 같이 추는 춤이다. 이른 아침 중국의 공원에 가 보면 음악에 맞춰 춤을 추는 평화로운 모습을 구경할 수 있다. 현재 춤에 의해 가정이 파괴되는 경우도 가끔 있으나 학교에서 정규적으로 배울 수도 있고, 사설 강습소도 많이 있으며 대학교 내에서도 무도회가 거의 매주 개최가 되어 건전한 남녀 교류의 장이 되기도 한다. 대부분의 대학이 금·토요일에 춤을 출 수 있는 장소를 마련하고 있다.

■ 마작

중국인들 스스로 세계에서 가장 재미있는 게임이라고 말하는 마작은 중국인이라면 누구나 할 줄 아는 도박이다. 실제로 명절에는 2~3일씩 마작을 하기도 한다. 중국은 공식적으로 도박이 금지되어 있으나, 사설 도박장도 있으며 직장동료, 친구, 친지들 사이에 판돈을 작게 하여 즐긴다. 지방마다 약간의 법칙 차이가 있으나 한국인이 배우기에 어려움이 없다.

■ 저자 박신영

- 서울대학교 중문과 졸업
- 한국외국어대학교 교육대학원 중국어교육과 졸업
- 서울대학교 중문과 박사과정 수료
- 현 명덕외국어고등학교 중국어 교사

□ 저서 《21세기 신경향 중국어》(2000), 정진출판사
《중국어 교육 어떻게 할까》공저(2005), 한국문화사

혼자하기 딱좋은 中國語 중국어 첫걸음 두번보기

초판 1쇄 발행	2006년 6월 15일
5쇄 발행	2009년 7월 30일

저 자	박신영
발행인	박해성
발행처	정진출판사

등 록	1989. 12. 20. 제6-95호
주 소	136-130 서울시 성북구 하월곡동 10-6
대표전화	02) 917-9900 / 팩스 02) 917-9907
홈페이지	www.jeongjinpub.co.kr

ⓒ 正進出版社

ISBN 89-5700-049-6 *13720
       89-5700-047-X (세트)

- 이 교재에는 듣기테이프(2개)와 별책부록(여행 중국어)이 포함되어 있습니다.
- 정가는 책 표지에 표시되어 있습니다.